AF511046

Über Gewaltfreie Kommunikation

Gewaltfreie Kommunikation (GFK) ist eine Art des Umgangs miteinander, die den Kommunikationsfluss, der im Austausch von Informationen und im friedlichen Lösen von Konflikten notwendig ist, erleichtert. Der Fokus liegt dabei auf Werten und Bedürfnissen, die alle Menschen gemeinsam haben, und wir werden zu einem Sprachgebrauch angeregt, der Wohlwollen verstärkt. Ein Sprachgebrauch, der zu Ablehnung oder Abwertung führt, wird vermieden.

Gewaltfreie Kommunikation geht davon aus, dass die befriedigendste Handlungsmotivation darin liegt, das *Leben zu bereichern* und nicht aus Angst, Schuld oder Scham etwas zu tun. Besondere Bedeutung kommt der Übernahme von Verantwortung zu – für getroffene Entscheidungen sowie der Verbesserung der Beziehungsqualität als vorrangigem Ziel.

Durch die Gewaltfreie Kommunikation werden Sie verstehen, dass ...

- alles, was ein Mensch jemals tut, ein Versuch ist, Bedürfnisse zu erfüllen;
- es für alle Beteiligten förderlicher ist, Bedürfnisse durch Kooperation statt durch Wettbewerb zu erfüllen;
- es Menschen von ihrer Natur her Freude bereitet, zum Wohlergehen anderer beizutragen, wenn sie das freiwillig tun können.

Die Gewaltfreie Kommunikation bietet Ihnen die Gelegenheit ...

- Verbindungen mit anderen Menschen zu schaffen, die für Sie befriedigender sind;
- Ihre Bedürfnisse auf eine Weise zu erfüllen, die Ihren Werten und denen anderer gerecht wird;
- vergangene Erfahrungen und Beziehungen, die schmerzvoll oder erfolglos waren, zu heilen.

Die Fähigkeiten der Gewaltfreien Kommunikation werden Sie dabei unterstützen ...

- Schuldgefühle, Scham, Angst und Depression aufzulösen;
- Ärger und Frustration umzuwandeln in den Aufbau von Partnerschaften und Kooperationen;
- Lösungen zu finden, die auf gegenseitiger Rücksichtnahme, Respekt und Konsens basieren;
- Bedürfnisse so zu erfüllen, dass sie das Leben bereichern, sei es im persönlichen Leben, in der Familie, der Schule, der Nachbarschaft und in der Gesellschaft.

Weitere Informationen über das Center for Nonviolent Communication in den USA und die Gewaltfreie Kommunikation finden Sie auf den Internetseiten www.CNVC.org und www.NonviolentCommunication.com.

Informationen über die Gewaltfreie Kommunikation im deutschsprachigen Raum finden Sie unter www.gewaltfrei.de.

Ausführliche Informationen zu jedem unserer lieferbaren und geplanten Bücher finden Sie im Internet unter ↗http://www.junfermann.de. Dort können Sie unseren Newsletter abonnieren und sicherstellen, dass Sie alles Wissenswerte über das Junfermann-Programm regelmäßig und aktuell erfahren. – Und wenn Sie an Geschichten aus dem Verlagsalltag und rund um unser Buch-Programm interessiert sind, besuchen Sie auch unseren Blog: ↗http://blogweise.junfermann.de.

Marshall B. Rosenberg

Das Herz gesellschaftlicher Veränderung

Wie Sie Ihre Welt entscheidend umgestalten können

Gewaltfreie Kommunikation: Die Ideen & ihre Anwendung

Aus dem Amerikanischen von Dr. Michael Dillo

Junfermann Verlag • Paderborn
2016

2. Auflage 2016

Covergestaltung/Reihenentwurf: Christian Tschepp

Translated from the book *The Heart of Social Change,* written by *Marshall B. Rosenberg, Ph.D.,* Copyright 2003, Publication Date: Sept. 2003.
Publisher: Puddledancer Press, ISBN: 1-892005-10-7. Used with permission. For further information about Nonviolent Communication please visit the Center for Nonviolent Communication on the web at: www.cnvc.org.

Fachliche Begleitung und Überarbeitung der Übersetzung: Ingrid Holler, München

Satz: JUNFERMANN Druck & Service, Paderborn

Bibliografische Information der Deutschen Bibliothek
Die Deutsche Bibliothek verzeichnet diese Publikation in der Deutschen Nationalbibliografie;
detaillierte bibliografische Daten sind im Internet über http://dnb.ddb.de abrufbar.

ISBN 978-3-95571-550-2

INHALT

Anmerkungen zur Übersetzung

- Wenn wir GFK praktizieren, suchen wir eine persönliche Beziehung zueinander. In Seminaren und Workshops zur Gewaltfreien Kommunikation wird daher in den meisten Fällen die persönliche Anrede per „Du" von den TeilnehmerInnen gewählt. Deswegen wird in dieser Übersetzung aus dem Englischen, das die Unterscheidung zwischen „Du" und „Sie" nicht kennt, anschließend das „Du" verwendet.
- Die weibliche und die männliche Form werden in der Übersetzung in „zufälliger" Abfolge eingesetzt.
- In der Abschrift der Rollenspiele wurden die Aussagen, die zum Rollenspiel gehören, in einer anderen Schriftart gesetzt, um die Übersichtlichkeit und die Lesbarkeit der Rollenspiele zu erleichtern.

Das Herz gesellschaftlicher Veränderung

Einleitung

Dieses Buch enthält Auszüge aus einem Seminar, das Marshall Rosenberg im Mai 2000 in San Diego gehalten hat. Es ist eine Einführung in Marshalls tief gehende Erfahrungen und Erkenntnisse über wirksame gesellschaftliche Veränderung. In erzählenden Kommentaren und in Rollenspielen lenkt er unsere Aufmerksamkeit immer wieder auf zentrale Fragen: Was ist das Wesen und die Energie unserer Spiritualität? Was ist ein gutes Leben? Was brauchen wir zur Veränderung? Wie kann es uns gelingen, das Leben für alle wunderbar zu gestalten? Gesellschaftlicher Wandel beginnt damit, dass wir „uns von all dem befreien, was nicht in Harmonie ist mit der Welt, die wir erschaffen wollen". Marshall ermutigt uns, die Kraft der Gewaltfreien Kommunikation in den Dienst der menschlichen sozialen und gesellschaftlichen Bedürfnisse und der Bedürfnisse unseres Planeten zu stellen. Er zeigt uns ganz spezifische Beispiele, wie das erreicht werden kann. In den Rollenspielen werden die Teilnehmer und Teilnehmerinnen mit MT (ungenannter männlicher Teilnehmer) und WT (ungenannte weibliche Teilnehmerin) bezeichnet. MBR steht für Marshall B. Rosenberg. Alle nicht gekennzeichneten Aussagen stammen von Marshall.

Mit der Frage eines Teilnehmers nehmen wir den Gesprächsfaden auf:

Bestrebungen zur Veränderung von Systemen

MT: Ich frage mich einfach erneut, was wir tun können, um die gesellschaftlichen Probleme von den Wurzeln her zu verändern, statt uns mit den Symptomen dieser Probleme herumzuschlagen – wie kommen wir an den Ursprung des Ganzen? Was können wir tun, um etwas zu verändern, das achttausend Jahre vor unserer Zeit passiert ist? Oder sollten wir es vielleicht auf eine einfühlende Art kopieren, so dass wir es in den nächsten achttausend Jahren verändern können?

MBR: Erstens: Ich kann dir eine Strategie beschreiben, der ich selbst zu folgen versuche – es ist das Beste, was ich bis jetzt gefunden habe. Es sieht so aus: Ich verändere das Paradigma in mir selbst, um mich von meiner

Programmierung zu befreien – und um in Harmonie mit dem Weg zu kommen, den ich für mein Leben wähle. Ich möchte in Übereinstimmung damit sein, wie ich den Lebensentwurf, der die größte Resonanz in meinem Herzen erzeugt, nach außen trage. Mit anderen Worten, ich bemühe mich, die Welt meiner Wahl in mir selbst zu erschaffen. Frieden beginnt bei mir.

Dann: Dieses Paradigma, das ich gewählt habe, gefällt mir wirklich. Ich habe herausgefunden, dass es gar nichts Neues ist. In der kanadischen Provinz British Columbia haben mir Einheimische, mit denen ich dort oben gearbeitet habe, kürzlich erzählt, dass ihnen gefallen habe, was ich präsentiert hatte. Sie sagten: „Weißt du, Marshall, das ist genau das, was uns auch unsere Ältesten erzählt haben." Mir haben auch Palästinenser, mit denen ich gearbeitet habe, erzählt, dass das, was ich ihnen da als mein neues Paradigma vorgestellt hatte, nichts weiter sei als Islam. Das, was ich da für mich herausgefunden habe, funktioniert für mich selbst und scheint auch etwas zu sein, das schon andere Menschen als ihr eigenes Paradigma gewählt haben. So lasst uns also unser Bestes tun, um diese neue innere Haltung mit anderen zu teilen. Das ist ein möglicher Weg, um gesellschaftlichen Wandel zu bewirken. Teilen wir das mit anderen, was für uns funktioniert, was unser Leben reicher macht. Tun wir es, ohne das alte Paradigma zu verteufeln, ohne seine Anhänger als Spießer zu diffamieren ... erzählen wir, was wir an unserem Lebensentwurf mögen und wie er unser Leben bereichert.

Als Nächstes können wir uns klar darüber werden, welche Art von gesellschaftlichen Strukturen wir gerne hätten. Wie sehen Gruppen und Cliquen (siehe Seite 18: *Wie funktionieren Cliquen und Herrschaftsstrukturen?*) aus, wenn sie in Übereinstimmung mit dem von uns gewählten Paradigma funktionieren würden? Und wie können wir unsere Fähigkeiten entwickeln, um bestehende Strukturen effektiv so zu transformieren, dass sie mit unseren grundlegenden Einstellungen harmonieren?

Dann frage ich: Wie können Menschen im Sinne unseres Paradigmas ausgebildet werden, damit sie andere Strukturen erschaffen können, die unserem Paradigma ähneln? Ich versuche gleichermaßen auf allen vier Gebieten[1] zu arbeiten.

---

1 Das sind: 1. das Paradigma in sich selbst verändern; 2. das Paradigma mit anderen teilen; 3. eine andere Art von gesellschaftlichen Strukturen definieren; 4. die Ausbildungsstrukturen verändern – A.d.Ü.

Das letztgenannte Gebiet – Erziehung und Ausbildung – ist eines, in das ich sehr viel Energie investiere. Ich möchte, dass die nächste Generation von Menschen überall auf der Welt eine andere Erziehung und Ausbildung mit einer grundlegend anderen inneren Einstellung erhält. Mit den erlernten Fähigkeiten werden sie neue Strukturen kreieren, die das neue Paradigma unterstützen. Also zum Beispiel unterrichten wir nicht nur die Kinder in der Schule, wir setzen ebenso Gewaltfreies Kommunikationstraining für Eltern, Lehrerinnen und Mitarbeiter der Verwaltungen an. Genauso wichtig aber ist, dass die Schule ein Spiegelbild der Art von Regierung ist, die wir gerne sehen würden. In diesem System zeigen sich Führerinnen als Diener. Lehrer sind Diener ihrer Schülerinnen und Studenten; die Verwaltung ist Dienerin der Lehrer. Belohnungen und Bestrafungen werden nicht eingesetzt. Die Beziehungen zwischen den Schülern und Studentinnen werden so gestaltet, dass sie auf gegenseitiger Unterstützung und nicht auf Konkurrenz basieren. Prüfungen werden nicht abgehalten, um Noten zu erteilen. Prüfungen werden abgehalten, um festzustellen, ob die Lehrerinnen ihre Arbeit getan haben oder nicht. Sie sind keine Prüfungen für die Studenten; es sind Überprüfungen des Lernprozesses. Darüber berichte ich in meinem Buch *„Erziehung, die das Leben bereichert“*.

Grundlegende Einstellungen in uns selbst verändern

Motiviert sein, das Leben zu bereichern

Das Konzept der *„Lebensbereicherung"* hat eine Schlüsselstellung in meinem Paradigma: Jede unserer Handlungen entsteht aus einer Vorstellung, die uns zeigt, wie menschliche Bedürfnisse durch diese Handlung erfüllt werden. Das ist die Vision, die alles andere in Bewegung setzt. Eine lebensbereichernde Organisation zeichnet sich dadurch aus, dass alle Arbeiten in der Organisation, also alles, was sämtliche Mitarbeiter jemals tun, aus der Vorstellung entsteht, wie es dem Leben so dient, dass Bedürfnisse zufrieden gestellt werden – Bedürfnisse des physischen Planeten, der Bäume, der Seen oder der menschlichen und tierischen Wesen. Dabei ist allen klar, wie dem Leben durch das Erfüllen von Bedürfnissen gedient wird. Das ist die Vision, die, einzig und allein, unsere Handlungen inspiriert. In einer lebensbereichernden Struktur arbeitet niemand für Geld. Geld spielt die gleiche Rolle wie Nahrung für eine Mutter, die ihren Säugling mit der Brust ernährt. Sie erhält diese Nahrung nicht als eine Bezahlung. Die Nahrung ist ein „Lebensmittel", damit die Mutter die Energie hat, dem Leben zu dienen. Letztlich lässt sich alles auf unsere menschlichen Bedürfnisse zurückführen. Das ist auch der Grund, warum die Gewaltfreie Kommunikation so tief im Bewusstsein über Bedürfnisse verwurzelt ist. Alles, was wir tun, steht im Dienst der Bedürfnisse und der Freude, die wir spüren, wenn Bedürfnisse befriedigt werden, insbesondere spirituelle Bedürfnisse. Das sind die Bedürfnisse, die uns die größte Zufriedenheit bescheren, wenn sie erfüllt werden.

Für mich sind die Bienen und die Blumen ein Teil einer lebensbereichernden Organisation. Schaut euch an, wie sie beide gegenseitig ihre Bedürfnisse zufrieden stellen. Sie machen es nicht aus Angst, Schuld oder Verpflichtung, sondern instinktiv, in einem natürlichen System. Die Biene bekommt ihren Nektar von den Blüten und bestäubt wiederum die Blüten.

Über Bedürfnisse

Es ist schwer, die Erfüllung menschlicher Bedürfnisse zu trennen von den Bedürfnissen der Umwelt: Sie sind ein und dasselbe. Es geht hier um die Berücksichtigung der Bedürfnisse aller Erscheinungsformen auf diesem Planeten; darum, die Einzigartigkeit von alldem zu sehen, die Schönheit in all diesen Ausformungen wahrzunehmen, das ganze Leben zu sehen in seiner wechselseitigen Einwirkung. Lebensbereichernde Strukturen – die Art von Strukturen, von denen ich gerne sehen würde, dass wir sie erschaffen und teilen – sind Strukturen, denen die Vision innewohnt, dem Leben zu dienen.

Wie wissen wir nun, ob eine Organisation – sei es eine Familie oder ein Arbeitsteam oder eine Regierung – eine lebensbereichernde Organisation ist? Wir finden es heraus durch Fragen: Hat es sich die Organisation zur Aufgabe gemacht, Bedürfnisse zufrieden zu stellen und das Leben der Menschen zu bereichern – innerhalb der Organisation und auch in ihrem Einflussbereich?

Was aber brauchen Menschen? Geld ist kein Bedürfnis. Es ist eine Strategie, die manchmal vielleicht ein Bedürfnis befriedigt. Ruhm ist kein Bedürfnis und Status ist auch kein Bedürfnis. Das sind Dinge, die in Herrschaftsstrukturen benutzt werden, um Menschen in die Irre zu führen – nimm ein reales Bedürfnis, stelle es falsch dar und bringe Menschen dazu zu glauben, diese falschen Dinge seien die Bedürfnisse. Dagegen dient eine lebensbereichernde Organisation in der Tat dem Leben, dient den Bedürfnissen.

Weiterhin wird alle Arbeit, die innerhalb einer lebensbereichernden Struktur verrichtet wird, durch diese Aufgabe motiviert; nicht durch Geld, nicht durch Lohn, nicht durch Positionen und nicht durch Status. Jedes kleine Stück Arbeit, das eine Person tut, kommt aus der Freude, diese Aufgabe zu erfüllen. Lebensbereichernde Organisationen schenken den Mitarbeiterinnen in ihrer Organisation die Wertschätzung, die sie brauchen, um den Auftrag mit Leben füllen zu können. Das ist der Moment, wo Geld ins Spiel kommt. Die Mitarbeiter mögen vielleicht ein Gehalt bekommen, um damit Nahrungsmittel für ihre Familien und sich selbst zu kaufen, aber das ist nicht der Grund, warum sie ihre Arbeit tun. Sie sind ausschließlich durch die dem Leben dienende Aufgabe ihrer Arbeit motiviert.

Den allerwichtigsten Teil einer Organisation bildet in dieser Hinsicht nicht das Geld. Eine lebensbereichernde Organisation muss mit der Absicht ins Leben gerufen werden, sich dadurch zu profilieren, dass sie jedem Mitarbeiter und jeder Mitarbeiterin Wertschätzung zuteil werden lässt. Ernsthafte Dankbarkeit – das ist der Ansporn, der notwendig ist, um Menschen in einer lebensbereichernden Organisation für die Arbeit zu motivieren. Wenn wir das so umsetzen, dann können die Menschen erkennen, wie ihre Anstrengungen einer dem Leben dienenden Aufgabe zugute kommen.

Mein Bedürfnis ist es nicht, Gewaltfreie Kommunikation zu unterrichten. Das ist kein Bedürfnis. Meine Bedürfnisse drehen sich um Sicherheit und Freude, darum, die Verteilung von Ressourcen zu ermöglichen und damit das Leben auf unserem Planeten zu erhalten. Gewaltfreie Kommunikation ist eine Strategie, die mir hilft, diese Bedürfnisse zu berücksichtigen. Ich suche nach Wegen, um beides, die Bedürfnisse anderer Menschen und meine Bedürfnisse, zu erfüllen. Ich versuche nicht etwas zu verkaufen. Ich versuche die Bedürfnisse aller zu berücksichtigen.

Deshalb baue ich im ersten Schritt die Qualität zwischenmenschlicher Beziehungen auf, so dass ich klar sehe, welche Bedürfnisse bei der anderen Person gerade aktuell sind und wo sie mein Bedürfnis sieht. Wenn die Menschen mir vertrauen, dass ich gleichermaßen an ihren wie an meinen Bedürfnissen interessiert bin, dann sind 90% des Problems bewältigt. Eine Bitte an jemanden zu richten, ohne vorher das Bedürfnis geklärt zu haben, klingt allerdings wie ein Verkaufsgespräch.

Die spirituelle Grundlage gesellschaftlicher Veränderung

MBR: Wenn wir als Botschafter des gesellschaftlichen Wandels nicht aus einer bestimmten spirituellen Haltung heraus handeln, werden wir wahrscheinlich mehr Schaden anrichten als Gutes tun. Was ich mit spiritueller Haltung meine, ist, dass wir – Augenblick für Augenblick – verbunden bleiben mit dem Leben in uns und dem Leben in anderen. Wir können unsere Spiritualität entdecken, indem wir fragen: Worin besteht eine gute Lebensqualität? Worum geht es uns eigentlich? Diese Qualität von Bewusstsein wird uns zu einer lebensbereichernden Spiritualität führen. Diese wiederum hilft uns, Kontakt zu uns selbst und zu anderen auf einer Herz-zu-Herz-Ebene aufzubauen. Wir alle sind politisch bestens unterrichtet; wir kennen alle die gefährlichen Strukturen da draußen; wir erkennen mit sehr scharfem Blick, was in der Welt falsch läuft, und wir sind dabei, das zu verändern. Wenn wir aber nicht zuerst einen radikalen spirituellen Wandel in uns selbst vollziehen, dann werden wir nur wenig Wirkung erzielen. Es könnte sogar sein, dass wir dann das unterstützen, was sich derzeit abspielt.

Ja, gut – wir werden also mit uns selbst anfangen. Aber seien wir vorsichtig! Spiritualität kann auch rückschrittlich sein, wenn wir durch sie die Menschen dazu bringen, sich ruhig, duldsam und liebevoll zu verhalten, so dass sie die gefährlichen Strukturen tolerieren. Die Spiritualität, die wir für den gesellschaftlichenWandel brauchen, muss uns auch dafür mobilisieren. Aus dieser Spiritualität heraus sind wir zu mehr fähig, als nur dazusitzen und die Welt zu genießen, egal was geschieht. Diese Spiritualität schafft eine Qualität der Energie, die uns in die Lage versetzt zu handeln. Wenn unsere spirituelle Entwicklung nicht diese Qualität hat, befürchte ich, dass wir die Art von gesellschaftlichem Wandel, den ich gerne sehen würde, nicht schaffen werden.

Die spirituelle Haltung, nach der ich zu leben versuche, basiert auf einer sehr einfachen Spiritualität. Kirchen und Synagogen haben mich immer gelangweilt. Ich brauche also eine Spiritualität, die für mich lebendig ist und die nicht viele Worte braucht. Ich mag die Art, wie es Joseph Campbell zusammengefasst hat. Joseph Campbell ist ein Mann, der viel über Mythen und Vergleiche verschiedener Religionen geschrieben hat. Er hat versucht etwas herauszufinden, das ihm in allen Religionen gefällt. Er fand heraus, dass es sich für seine Ohren so anhörte, als würden alle Religionen die gleiche Aussage machen – und er mochte, was er sie sagen hörte. Was ist nun also seine Zusammenfassung der Spiritualität? Alle Hauptreligionen sagen Folgendes: Tue nichts, was du nicht aus Freude heraus tust.

Meine Voraussage ist: Wenn wir diesen Satz – *Tue nichts, was du nicht aus Freude heraus tust* – in uns haben, dann werden wir erkennen, dass das freudvollste Spiel in der Welt daraus besteht, das Leben wunderbar zu machen. Wie machen wir nun das Leben wunderbar? Tue nichts, was du nicht aus Freude heraus tust. Warte, bis es Freude macht. Und es wird Freude machen, genau ab dem Moment, wo unsere volle Aufmerksamkeit auf eine lebensbereichernde Vision ausgerichtet ist. Dann benutze deine Macht und stelle sie in den Dienst der menschlichen und planetaren Bedürfnisse. Benutze deine Macht, um das Leben zu bereichern, indem du auf Bedürfnisse eingehst.

Der gesellschaftliche Wandel befreit uns von aller Theologie, von aller Spiritualität, die nicht mit unserer Überzeugung von dem übereinstimmt, was uns befähigen wird, die Art von Welt zu erschaffen, die wir gerne hätten. Machen wir uns ein sehr klares Bild über die Art von Welt, die wir gerne haben möchten, und fangen dann an, auf diese Art zu leben. Sobald wir damit beginnen, nach einer anderen Spiritualität zu leben, fangen wir schon an, gesellschaftliche Veränderung zu bewirken. Du möchtest damit vielleicht nicht Halt machen, aber in dem Moment, wo wir beginnen, eine andere Spiritualität zu leben – bis zu welchem Grad auch immer wir das tun – hat der soziale Wandel bereits begonnen.

Die spirituelle Entwicklung der Menschen bestimmt in einem großen Maße die Art der Welt und die Art der gesellschaftlichen Strukturen, die die Menschen erschaffen werden. So wie ich Spiritualität verstehe, wird sich die spirituelle Entwicklung, die wir brauchen, auf einige wenige Fragen konzentrieren: Was ist unsere Natur als menschliches Wesen? Was ist unsere Aufgabe? Worin besteht ein gutes Leben?

Die Spiritualität, der ich ausgesetzt war – die Kultur, in der ich aufgewachsen bin – sah den Sinn eines guten Lebens darin, schlechte Menschen zu bestrafen. Gute Kräfte bestrafen die bösen Kräfte. Ich würde behaupten, dass diese Art von Spiritualität weiterhin die vorherrschende Spiritualität ist. Kinder sind ihr in unserer Kultur ausgesetzt, insbesondere von sieben bis neun Uhr abends, wenn sie sich Fernsehsendungen anschauen. In fünfundsiebzig Prozent dieser Programme töten oder verprügeln die Helden, die guten Jungs, jemanden. Wir können nicht die Fernsehsender für diese Spiritualität anklagen – viele heilige Bücher verbreiten seit langer Zeit die gleiche Botschaft. Aber ich möchte meiner Spiritualität eine andere Bedeutung geben.

Grundlegende Einstellungen mit anderen teilen – über Strukturwandel

Die Qualität von Beziehungen mit anderen Menschen

Bei unseren Bemühungen, gesellschaftliche Veränderungen zu bewirken, ist es besonders wichtig, dass wir eine bestimmte Qualität von Beziehung zu anderen Menschen aufbauen, von denen wir etwas haben möchten. Jeder von uns wird versuchen, ganz genau zu verstehen, was die andere Person fühlt und braucht. Am allerwichtigsten ist, dass die andere Person nicht den Eindruck bekommt, unser Ziel sei, dass sie das tut, was wir von ihr wollen. Wenn wir wollen, dass andere Menschen darauf vertrauen, müssen wir uns zuerst selbst sicher sein, dass das *nicht unser Ziel* ist. Benutze so wenige Worte wie nötig, um die andere Person in einen Dialog einzubinden. Hüte dich vor Monologen – sei vorsichtig, dass du nicht versuchst, Ideen zu verkaufen. Bring einen Dialog in Gang. Lass dich von der anderen Person dahin führen, dass sie erfährt, was sie hören möchte.

Bei jeder Person, mit der wir in Kontakt kommen, stellen wir sicher, dass es unser Ziel ist, mit ihr eine bestimmte Qualität von Verbindung aufzubauen. Es geht nicht darum, dass wir bekommen, was wir wollen. Wir wollen wirklich versuchen, nach einem anderen Wertesystem zu leben. Das gilt auch für unsere Bemühungen um gesellschaftliche Veränderung. Ja, wir möchten schon um einiges bitten; was uns aber am allerwichtigsten auf dem Weg dorthin ist, das sind die zwischenmenschlichen Beziehungen. Spiegeln diese Verbindungen die Art von Welt, die wir versuchen zu erschaffen? Jeder Schritt in jeder noch so kleinen Frage soll energetisch widerspiegeln, wofür wir uns einsetzen. Es ist ein holographisches Bild[2] der Struktur, die wir zu erschaffen versuchen. Kurz gesagt, der Frageprozess soll das Wertesystem spiegeln, das wir versuchen zu unterstützen.

Die vier Schlüsseldimensionen gesellschaftlicher Veränderung

Ich werde euch die verschiedenen Wege zeigen, auf denen wir die Gewaltfreie Kommunikation anwenden, um unsere Bemühungen für den gesellschaftlichen Wandel und unsere politischen Aktivitäten zu unterstützen.

---

2 Bilder, auf denen die abgelichteten Gegenstände beim Betrachter den Anschein erwecken, „räumlich" sichtbar zu sein – A.d.Ü.

Dabei hilft es uns nach meiner Erfahrung, dass wir uns alle über vier Dimensionen – vier Sachverhalte, die sich gegenseitig beeinflussen – klar werden. Es ist für mich sehr wichtig, sie ständig in meinem Bewusstsein zu behalten. Sie helfen mir zu entscheiden, wie ich zu gesellschaftlicher Veränderung beitragen möchte.

Bei der **ersten Dimension** geht es um etwas, das manche Menschen die Schöpfungs- oder Ur-Geschichte nennen. Andere Menschen nennen es den kulturellen Mythos oder das grundlegende Paradigma. Was in der Essenz mit dieser Dimension gemeint ist, zeigt sich in den Antworten auf einige sehr bedeutsame Fragen: Wie ist es uns vorherbestimmt, unser Leben zu führen? Was ist unsere Natur als menschliche Wesen? Alles, was in Zusammenhang mit diesen Fragen steht, umfasst die erste Dimension. Und ich halte es für die wichtigste Dimension im Zusammenhang mit gesellschaftlichem Wandel. Es ist äußerst wichtig, dass wir das wichtigste Thema einer jeden Kultur verstehen. Wie sind die Menschen erzogen worden, um diese Fragen zu beantworten? Worin besteht ein gutes Leben? Wie sollen wir leben? Und was ist unsere Natur?

Ausgehend von der Arbeit von Riane Eisler hat der Autor und Theologe Walter Wink in seinem Buch „*The Powers That Be*“und anderen Schriften aufgezeigt, dass vor etwa achttausend Jahren eine neue Geschichte in das Dasein trat. Es handelte sich um eine andere Art des Verstehens, als es sie je zuvor gegeben hatte, und es wurde eine neue Antwort auf die Frage gefunden: Wie begann unsere Welt?

Vor ungefähr achttausend Jahren begann sich ein Mythos zu verbreiten, der eine Geschichte über die Entstehung der Welt beinhaltete. Es begann damit, dass ein heroischer, tugendhafter männlicher Gott eine niederträchtige weibliche Göttin in tausend Stücke zerschlug. Aus der Energie der Zerschlagung der bösen Kräfte durch die rechtschaffenen Kräfte entstand die Welt.[3] Und wie auch immer diese Dinge begannen – mehr und mehr wurde diese Geschichte zu einer Art Allgemeinwissen, zu einem generellen Verständnis. Sie wurde weitergegeben von Generation zu Generation und beantwortete die Frage, wie alles seinen Anfang nahm. Das alles ist ziemlich gut dokumentiert. Wir wissen nicht so genau, wo es seinen Anfang nahm, weil es sich ganz allmählich über hunderte von Jahren entwickelte. Damit begann diese Ur-Geschichte in den Köpfen der Men-

3 Weitere Infos dazu unter: http://www.earlyworld.de/sumer_schoepfung.htm (30.5.2004) – A.d.Ü.

schen zu einer geschichtlichen Wahrheit darüber zu werden, wie die Welt begann. Es ist daher nicht allzu überraschend, wie diese erste Dimension seit über achttausend Jahren beantwortet wird. Wie ist es uns vorherbestimmt, unser Leben zu führen? Die Antwort lautet, dass es die Vorbestimmung unseres Lebens ist, dass wir die niederträchtigen Kräfte überwältigen müssen. Das „gute Leben" bedeutet, dass die rechtschaffenen Kräfte die bösen Kräfte vernichten.

Aber macht euch keine Sorgen, wenn ihr diese Ur-Geschichte übersprungen habt, wenn ihr nichts darüber gelernt habt. Dann geht zurück zu eurer Zeit in der Schule. Die meisten von uns sind diesem Mythos im Geschichtsunterricht über Amerika begegnet. Als Schüler wurde mir beigebracht, dass die guten Kräfte – die USA – die bösen Kräfte überwältigen müssen. Amerika ist der Held. Andere Länder haben eine ähnliche Geschichte – sie selbst verkörpern die guten Kräfte, die die bösen Kräfte überwältigen müssen. Wenn ihr nicht bis zur Schulzeit zurückgehen wollt, dann schaltet das Fernsehen ein oder seht euch einen Film an. In der Mehrzahl dieser Filme tötet entweder der Held oder er schlägt jemanden zusammen. Und wann tritt diese Gewalt auf?

WT: Auf dem Höhepunkt.

MBR: Auf dem Höhepunkt. Es ist wie ein sexuelles Vergnügen, das wir empfinden. Und dann gibt es da noch einen anderen Aspekt, von dem Walter Wink sagt: Unsere Kultur verlangt, dass Gewalt genießbar gemacht wird. Und wenn ihr wirklich sehen wollt, wie man Gewalt genießbar macht, dann fahrt runter nach Texas, wann immer sie gerade dabei sind, einen Kriminellen zu exekutieren. Geht hinaus vor das Gefängnis und ihr seht hunderte von College-Studenten, die sich draußen versammeln, um an einer dieser Parkplatz-Partys[4] teilzunehmen. Hunderte von ihnen, hunderte jedes Mal. Sie trinken Alkohol und warten auf den magischen Moment. Was ist der magische Moment? Wenn über den Lautsprecher des Gefängnisses verkündet wird: „Der Gefangene wurde exekutiert!" – und das wird mit einem wilden und ausgelassenen Jubelgeschrei begrüßt.

---

4 „Parkplatz-Partys" werden üblicherweise vor Sportanlässen auf den Parkplätzen der Stadien abgehalten. Mittelpunkt sind meist die für Amerika typischen Autos wie „Pick-up-Trucks" oder „Stationwagons" – A.d.Ü.

Seht ihr, da ist sie wieder, die Schöpfungsgeschichte, das soll ein gutes Leben sein. Die guten Jungs exekutieren die bösen Jungs. Jetzt gibt es leider ein kleines Problem mit dieser Geschichte. Wie entscheidet man, wer die guten Jungs sind? Also, nach einer Weile tauchten da ein paar Leute mit einer sehr kreativen Idee auf: Die guten Menschen wären die, deren Familien Gott näher stünden als andere Familien. Diese Familien hatten etwas, das sie das heilige Recht Gottes nannten. Es war ihr heiliges Recht, Könige zu stellen, weil sie Gott näher standen. Gut, aber wie weiß man jetzt, dass die eigene Familie Gott näher steht als andere? Weil ich ein König bin. Ja, aber wie kannst du sicher sein? Hast du gesehen, wie viele Truppen ich habe? Oh ja, ja, ich kann sehen, dass du göttlicher Abstammung bist, ich kann deine Göttlichkeit sehen. Das ist also eine Variante dieser Geschichte. Normalerweise zerschlagen die guten, die männlichen Kräfte, die bösen, niederträchtigen Kräfte. Da muss also ein Mann an der Spitze stehen, weil jemand sagen muss, wer gut und wer böse ist. Das ist das Märchen, das allen eingetrichtert wird.

MT: Aber man braucht einen Glauben, meinst du nicht?

MBR: Ja, du brauchst unbedingt einen Glauben. Das ist der Grund, warum diese Könige die Kirche mit hineingezogen haben. Sie haben die Kirchen an die Kandare genommen, um mit ihnen die göttlichen Rechte der Könige zu definieren.

Ihr seht also, das ist eine Dimension, die sehr wichtig ist für einen gesellschaftlichen Wandel. Nur so verstehen wir die Geschichte, die die Kulturen versuchen, an die Menschen weiterzugeben. Und das wird, wie wir sehen werden, die nächsten drei Dimensionen beeinflussen.

Wie funktionieren Cliquen und Herrschaftsstrukturen?

Jetzt zur **zweiten Dimension**, die sehr eng mit der ersten zusammenhängt. Dabei handelt es sich um Cliquen. Welche Cliquen sind notwendig, damit sich diese Ur-Geschichte realisieren lässt? Was meine ich überhaupt mit Cliquen? Ich meine Gruppen von Menschen. Damit dieses Märchen Wirklichkeit werden kann, müssen sehr wichtige Entscheidungen darüber getroffen werden, wie bestimmte Dinge getan werden sollen. Wie, zum Beispiel, sollen wir die Nahrungsmittel an die Menschen verteilen? Wie sollen wir den Schutz für die Leute organisieren? Das sind wichtige Entscheidungen. Es ist ziemlich schwierig für eine einzelne Person, diese Entscheidungen zu treffen. Also haben wir im Laufe der Jahre Organisationen geschaffen, die diese Arbeit tun. Die Arbeit muss getan werden, damit die Menschen in Harmonie mit dem Märchen leben können. So schaffen wir Cliquen, die in Übereinstimmung mit dem Mythos agieren. Und welche Namen geben sich diese Cliquen? Manche nennen sich einfach Bande, Gang oder Gruppe. Andere Cliquen geben sich die Bezeichnung „Familie". Wieder andere Cliquen bezeichnen sich als Schulbehörde, Regierung, Polizei, Firma. Das sind Gruppen von Menschen, die sich zusammengefunden haben, um bestimmte Dinge zu tun. Diese Cliquen stehen natürlich ebenfalls unter dem Einfluss des Märchens – denn wenn du an diesen alten Mythos[5] glaubst, dann kreierst du Cliquen oder Herrschaftsstrukturen, die von oben nach unten organisiert sind. Natürlich mit dem tugendhaftesten Mann ganz oben auf der Leiter.

MBR: Zu welchen Cliquen habe ich gehört? Ich habe zu einer Familienclique gehört. Ich war als Schüler in einer Schulclique. Ich war Mitglied einer Clique, die den Namen Regierung der Vereinigten Staaten trägt – ich spielte die Rolle eines Bürgers in dieser Clique. Ich war in vielen Cliquen. Ich habe eine Clique gegründet, die sich Zentrum für Gewaltfreie Kommunikation nennt. Also ihr seht, Cliquen werden sehr weitgehend durch diesen Mythos beeinflusst. Ihr gründet Cliquen in Übereinstimmung mit eurer Auffassung von der Natur menschlicher Wesen. Wenn ihr diesem Ur-Märchen glaubt, das euch erzählt wurde – dass menschliche Wesen im Grunde niederträchtig und egoistisch sind, bis sie überwältigt oder von den rechtschaffenen Kräften kontrolliert werden –, dann bestimmt ihr eine Person, der die Macht gegeben wird. Sie spricht gegenüber den Menschen Strafen aus, die als böse bezeichnet werden, und belohnt diejenigen, die gut genannt werden. Sie nennen es nicht immer „gut und böse". Was noch dazukommt – und darum werden wir uns ein wenig später kümmern –, sie bestehen auf einer bestimmten Ausbildung, um ihre Macht zu erhalten.

So haben wir also bis jetzt zwei Dimensionen kennen gelernt: einmal den Ur-Mythos, das Paradigma, das gute Leben und die guten Jungs, die die schlechten Jungs überwältigen. Und dann die Cliquen: Cliquen, die aufgrund dieses Märchens erschaffen werden. Cliquen sind nichts anderes als hierarchische Strukturen.

5 Von der Erschaffung der Welt – A.d.Ü.

Sobald wir eine innere Haltung entwickelt haben, beginnen alle Herrschaftsstrukturen, in die wir eingebunden sind, ins Schwanken zu geraten, – unabhängig davon, in welchem Ausmaß wir diese andere Spiritualität entwickeln und leben. Diese Hürde müssen wir nehmen. Wir müssen auch die Bildungsstrukturen transformieren. Nur so können wir sicherstellen, dass Erziehung und Ausbildung nach unseren Vorstellungen ablaufen, damit sie die Art von Welt unterstützen, die wir haben wollen. Und dann müssen wir daran gehen, die Cliquen zu verändern. Wir müssen die Cliquen transformieren, um die Spiritualität, die wir möchten, zu entwickeln. Aber diese innere Haltung muss wirklich sehr klar verständlich sein, weil sie der Ursprung aller gesellschaftlichen Veränderungen ist. Das ist es, was uns leitet: dass wir wissen, ob das, was geschieht, mit unserer Spiritualität übereinstimmt oder nicht.

Die **dritte Dimension**: Welche Erziehung und Bildung sind erforderlich, um menschliche Wesen zu Cliquenmitgliedern zu machen? Damit die Mitglieder dieser Cliquen den Mythos fortschreiben, musst du die Menschen auf eine ganz bestimmte Art „ausbilden". Wie sieht diese Ausbildung aus? Historisch gesehen gab es früher gar keine öffentlichen Schulen. Die notwendigen Kenntnisse wurden einfach von den Älteren an die nächste Generation weitergegeben. Heute leisten das Fernsehen oder allgemeiner die Medien die grundlegende Erziehungs- und Bildungsarbeit. Das ist der Weg, auf dem die meisten Menschen heute von dem Ur-Mythos erfahren – und aus der Werbung. Ich würde sagen, das ist der machtvollste Weg, durch den die Botschaft heute gelehrt wird. Sie wird auch weitergegeben durch das, was wir allgemeine Schulpflicht nennen, was ein Widerspruch in sich ist. Habt ihr jemals von einem widersprüchlicheren Ausdruck als diesem gehört? Allgemeine Schulpflicht. Man kann gar keine allgemeine Pflicht zum „Ausgebildet-Werden" haben. Was wir Ausbildung nennen, ist eher eine allgemeine Indoktrination, und an die Stelle der Älteren haben wir das Fernsehen gesetzt.

Das ist die Form unserer Erziehung und Bildung – aber was wird eigentlich gelehrt? Als Erstes muss man die Menschen eine Herrschaftssprache lehren, die sich einfügt in hierarchische Strukturen und die sich einfügt in das Ur-Märchen. Also muss man den Menschen das moralische Urteilen beibringen. Dann denken sie in Begriffen wie: „Wer ist wie oder wer ist was?", „Wer ist adlig?", „Wer sind Tagelöhner?", „Wer hat Recht?", „Wer hat Unrecht?", „Wer ist normal?" und „Wer ist nicht normal?".

Sprache ist ein problematischer Weg, um das Bewusstsein der Menschen zu formen. Man kann das Bewusstsein der Menschen in einem großen Umfang über die Sprache steuern, die man in die Köpfe „hineinsteckt". Es ist daher sehr wichtig, dass der Mensch von Anfang an immer wieder Worte und Begriffe hört wie: gut, schlecht, richtig, falsch, normal, unnormal, sollen, sollte nicht, müssen und nicht können. Wenn man möchte, dass Menschen durch Autoritäten kontrollierbar werden, dann kommt der Sprache im Bildungswesen eine Schlüsselstellung zu. Welche Sprache pressen wir in die Köpfe der Menschen?

Erziehung, Bildung und menschliche Entwicklung

Will man zum Beispiel Herrschaftsstrukturen wirklich einzementieren, dann muss man den Menschen eine Sprache voll mit moralischen Bewertungen geben. Dazu braucht man Psychologen und Psychiater, die sagen, dass es so etwas gibt wie geisteskranke und gesunde Menschen. Man muss Autoritäten haben – oder Vertreter der Kirchen –, die sagen, was gut und böse ist. Warum? Weil es, wie Walter Wink sagt, eine der zentralen Schlüsselcharakteristiken von Herrschaftsstrukturen ist, dass sie Gewalt schmackhaft machen. Und die Sprache der moralischen Bewertungen eignet sich sehr gut dazu, um das zu erreichen. Es reduziert Menschen zu Objekten. Wenn wir darüber nachdenken, was jemand ist, dann sehen wir nicht wirklich das Leben in dieser Person. Wir reduzieren sie auf eine Abstraktion, auf ein statisches Phänomen. Und dann benutzt man eine Sprache, in der moralische Urteile mit der Verschleierung von Wahlmöglichkeiten verbunden werden. Man verwendet Worte, die implizieren, dass wir keine Wahl haben, außer wir befolgen, was uns die Autoritäten sagen und was sie für richtig halten – Worte wie „müssen, sollen, man tut, es gehört sich nicht, nicht können, es wird erwartet". Und dann braucht man noch ein sehr wichtiges Konzept, wenn man eine Herrschaftsstruktur aufrechterhalten möchte: das Konzept von Verdienst oder Wert. Das juristische System oder das ökonomische System sind Umsetzungen dieses Konzepts. Es ist sehr wichtig für die Aufrechterhaltung von Herrschaftsstrukturen, die Menschen glauben zu machen, dass bestimmte Handlungen eine Belohnung und bestimmte andere Handlungen eine Bestrafung *verdienen.*

Ich habe kürzlich einen Workshop in Ungarn durchgeführt, und die Leute haben mir für einen Tag so viel Geld gegeben wie ein Hochschulprofessor dort in zwei Monaten verdient. Also, bin ich mehr wert? Wir leben in einer Kultur, die so beschaffen ist, dass die Menschen glauben müssen, die Leistungen mancher Menschen seien mehr wert als die anderer. Das ist ziemlich Furcht erregend. Und wir haben gelernt, dass die Menschen zusammensitzen sollen, um darüber zu diskutieren, ob es sich bei einer Vergewaltigung um ein schweres oder minderschweres Verbrechen handelt, ob es die erste Straffälligkeit ist oder ein Wiederholungsdelikt, ob der Täter 12 Monate Gefängnis *verdient* oder vielleicht 16 Monate? Das mutet einigermaßen seltsam an, wenn man es von dieser Warte aus betrachtet, oder etwa nicht? Es ist ziemlich tragisch zu denken, dass unser juristisches System auf solchem Denken basiert, selbst wenn unsere Statistiken zeigen, dass Bestrafung nicht funktioniert. Selbst wenn es uns 25.000 US-Dollar jedes Jahr kostet, um einem einzelnen Häftling Kost und Logis zu geben. Ganz schön beängstigend. Aber wir sind dazu erzogen und in einer Sprache ausgebildet, die dieses System unterstützt. Sprache ist also sehr wichtig für unser Verständnis unseres Ur-Mythos, unserer Cliquen, unseres Bildungswesens und wie wir uns als menschliche Wesen entwickeln.

Wie entwickeln sich menschliche Wesen? Wenn Menschen in Herrschaftsstrukturen großgezogen und in einer bestimmten Sprache unterrichtet werden, bis sie zum Beispiel glauben, dass Menschen es verdienen bestraft zu werden, dann sind wir dabei, Menschen zu bekommen, die so seltsame Dinge tun, wie ihre Kinder zu bestrafen. Einmal habe ich mit einer Person aus einer anderen Kultur zusammengearbeitet, einer Kultur, in der das Konzept von Bestrafung unbekannt ist. Der Mann fragte mich an einem Punkt unserer Unterhaltung: „Wenn eine Pflanze nicht so wächst, wie es dir gefällt, bestrafst du sie?" Wenn ein Kind sich nicht so verhält, wie wir es uns wünschen, bestrafen wir es? Wenn wir uns diese Frage des Mannes ansehen, dann macht Bestrafung einfach keinen Sinn.

Über den Einsatz von Macht

Als Nächstes musst du die Menschen darin unterrichten, wie sie mit Macht umgehen, weil jeder Mensch Macht haben muss, um überleben zu können. Welche Macht setzen wir also ein, um das Leben zu beeinflussen? Im Rahmen unseres Ur-Märchens wurden wir also angeleitet, Menschen darin zu unterrichten, wie sie Taktiken einsetzen können, um „Macht über" andere Menschen zu erhalten.

„Macht-über"-Taktiken beinhalten Bestrafung, Belohnung, Schuld, Scham, Pflicht und Verpflichtung. Das ist der Weg, wie du Menschen dazu erziehst, gute Bürger in einer Herrschaftsstruktur zu werden. Erziehe sie dazu, Strafen auszusprechen. Überzeuge sie, dass Bestrafung gerechtfertigt ist. Menschen, denen der Stempel „schlecht“ von einer Autorität aufgedrückt wurde, verdienen nichts anderes. Belohnung ist das, was du verdienst, wenn du von den Autoritäten als „richtig“ eingestuft wirst. Wenn wir die Menschen dazu erziehen wollen, nette, leblose Gestalten innerhalb hierarchischer Strukturen zu sein, dann ist es unerlässlich, dass wir sie davon überzeugen, dass Bestrafung und Belohnung gerechtfertigt sind.

Das sind also die ersten drei Dimensionen. Der Ur-Mythos – er beeinflusst in großem Maß die Cliquen, die wir gründen. Und diese Cliquen bestimmen, wie wir die Menschen erziehen und ausbilden. Welche Sprache lassen wir sie lernen? Wie unterrichten wir? Welche Machttaktiken lehren wir sie, um ihre Bedürfnisse zu erfüllen? Diese ersten drei Dimensionen haben einen sehr starken Einfluss auf die **vierte Dimension**. Diese untersucht die Frage: Wie kommen wir aus all dem heraus? Wie sieht unsere Entwicklung als menschliche Wesen aus? Das schließt den Kreis. Denn sind wir erst einmal durch diese Strukturen und diese Erziehung hindurchgegangen, dann werden wir gewalttätig und das wiederum beweist scheinbar den Mythos. Schaut, wie gewalttätig Menschen sind. Schlagt an einem beliebigen Tag die Zeitung auf und seht, auf wie viel verschiedene Arten die Menschen gewalttätig und habgierig sind. Wirf einen Blick auf die Wirtschaftsseiten, darauf, was uns die Leute in der Wirtschaft alles antun – das beweist genau unser Ur-Märchen, wie schlecht die Menschen sind. So werden wir also weiterhin tugendhafte Menschen suchen, um diese schlechten Menschen zu überwachen. Wir wollen weiterhin effizientere Wege finden zur Bestrafung der „Schlecht-Handelnden“ und zur Belohnung der „Gut-Handelnden“.

Über Autoritäten

MT: Ich möchte gerne etwas fragen über Gehorsamkeit gegenüber Autoritäten. Ich sehe einige Wahrheit in dem, was du sagst. Das Problem ist: Wer ist die Autorität? Zum Beispiel heißt es im Dritten Schritt des 12-Schritte-Programms (ein Heilungsprozess): Ich fasse den Entschluss, meinen Willen und mein Leben der Obhut Gottes – so wie ich ihn verstehe – anzuvertrauen. Ich vertraue damit meinen Willen meiner höheren Macht an. Also, Gehorsamkeit gegenüber einer Autorität, das ist real. Das Problem ist aber, dass sie denken, sie seien die Autorität und dass sie die

Antworten wüssten – das ist die Kontroverse. Bei so vielen Menschen habe ich das Gefühl, dass sie sich gehorsam gegenüber einer Autorität verhalten: da ist der Gehorsam gegenüber deiner höheren Macht, da ist der Gehorsam, auf die Auferstehung Gottes zu warten ...

MBR: Ich würde sagen, das Wort Gehorsam beschreibt das Resultat einer Wahl. Wir wählen manchmal, dem zu folgen, was die Autoritäten erbitten, weil wir sehen, wie es dem Leben dient. Ich würde das dann nicht „Gehorsam gegenüber einer Autorität" nennen. Ich würde sagen: Ich wähle das zu tun, was die Autorität sagt, weil es in Übereinstimmung mit meinen Bedürfnissen ist. Wann immer wir mit Lehrern und Eltern arbeiten, bemühen wir uns sehr intensiv darum klarzustellen, dass sie den Kindern den Unterschied zwischen Respekt für Autoritäten und Gehorsam gegenüber Autoritäten sehr deutlich klarmachen.

MT: Ich verstehe.

MBR: Ich kann mir nicht vorstellen, dass es etwas Wichtigeres gibt, als den Unterschied zwischen diesen beiden Konzepten zu erkennen. Das Allerletzte, was ich irgendjemanden lehren möchte, ist Gehorsamkeit gegenüber einer Autorität.

MT: Einverstanden, also Gehorsamkeit bedeutet blindes Befolgen, was immer die Autorität verlangt.

MBR: Ja. Und Gehorsamkeit gegenüber einer Autorität, wie ich denke, dass du es meinst, bedeutet: Ich wähle zu tun, was diese Person sagt, weil ich ihre Autorität respektiere. Ich sehe diese Person wirklich als jemanden, der etwas anzubieten hat, das dem Leben dient, und so wähle ich, es zu tun. Eines der ersten Dinge, die wir Kinder in unseren Schulen lehren, ist, dass wir der Autorität niemals die Macht geben, uns zu sagen, was wir tun sollen. Es ist *das Allererste*, was wir sie lehren wollen. Es ist ziemlich einfach, dies einem sechsjährigen Kind beizubringen – es ist ziemlich schwierig, dasselbe ihren Lehrern zu vermitteln. Also, respektiere die Autoritäten, höre, was die Autoritäten zu sagen haben, und lerne von ihnen.

MT: Und dann triff deine Entscheidung.

MBR: Dann triff deine eigene Wahl. Und reagiere auch nicht mit Rebellion, nur weil du bestimmte Erfahrungen gemacht hast, wie Autoritäten in der Vergangenheit auf dich eingewirkt haben. Unterwerfung und Rebellion geben beide der anderen Person Macht. Gib niemals anderen

Menschen die Macht über dich, dass du dich unterwirfst oder rebellierst. Wenn du wirklich frei bist, dann bist du dir bewusst, dass du tun kannst, was immer du wählst zu tun – in jedem Moment deines Lebens. Kein Mensch kann dich zu irgendeiner Handlung zwingen.

Einige von euch haben mich erzählen hören, was passierte, als mein ältester Sohn das erste Mal von der öffentlichen Schule zurückkam, nachdem er sechs Jahre auf einer Schule verbracht hatte, bei deren Gründung ich geholfen hatte. Am ersten Tag in der öffentlichen Schule kam er heim und ich sagte: „Wie war es heute in der neuen Schule, Rick?" Er sagte: „Schon in Ordnung, Dad, aber meine Güte, da gibts Lehrer!" Ich fragte: „Was ist passiert?" Er sagte: „Dad, ich war kaum halb durch die Tür, da kam auch schon ein Lehrer zu mir herübergelaufen und sagt: ‚Wie süß, jetzt schaut euch dieses kleine Mädchen an.'" Der Lehrer hatte auf seine langen Haare reagiert. So, habe ich bei mir selbst gedacht, heißen sie einen in der öffentlichen Schule willkommen, wo Lehrer wissen, was richtig ist – die Autorität weiß, was richtig ist. Es gibt eine richtige Frisur für Jungen und eine falsche. Und wenn du dich nicht entsprechend dem verhältst, was richtig ist, dann sollte dir diese Zuwiderhandlung vorgeworfen werden. Also habe ich angefangen mich aufzuregen und ich sagte: „Wie bist du damit umgegangen?" „Ich habe mich daran erinnert, was du gesagt hast, Dad. Gib ihnen in dieser Art von Strukturen niemals die Macht über dich, dass du dich unterwirfst oder rebellierst." „Heiliger Strohsack", sagte ich, „daran hast du dich erinnert? Mann, du hast mir den Tag gerettet." Und ich sagte: „Und was hast du dann getan?" „Ich habe versucht, seine Gefühle und Bedürfnisse zu hören und ihn als einen Menschen zu respektieren." „Ehrlich? Was hast du gehört?" „Ich hörte, dass er irritiert war und wollte, dass ich meine Haare schneide." Ich sagte: „Wie hast du dich gefühlt?" „Dad, ich fühlte mich traurig für den Mann. Er hat eine Glatze und scheint ein Problem mit Haaren zu haben."

Wir arbeiten also an diesem Thema mit den Kindern. Ihr seht, wir wissen, dass sie sich nicht immer in lebensbereichernden Strukturen aufhalten, solange wie wir sie nicht weltweit aufbauen können. In der Zwischenzeit aber müssen wir lernen, wie wir in den bestehenden Strukturen vermeiden, jemals anderen die Macht über uns zu geben, uns rebellisch oder unterwürfig zu machen.

WT: Es beginnt also in unseren kontrollierten Strukturen.

MBR: Ganz genau. Denn selbst dann, wenn du in einer Herrschaftsstruktur lebst, bleibst du doch deinen anderen grundlegenden Einstellungen treu. Und wenn wir dann die Herrschaftsstrukturen transformieren möchten, dann wollen wir zu diesen Lehrern gehen. Wir möchten ihnen zeigen, dass es andere Wege des Daseins und des Umgangs mit Kindern gibt.

Immer noch gibt es sehr viele Kinder, die nicht diese Art des Trainings kennen, das wir den Kindern anbieten. Sie wissen nicht, wie es ihnen gelingen kann, nie auf das zu hören, was eine Autorität über sie denkt. Höre, was die Autoritäten fühlen und was ihre Bedürfnisse sind. Lerne von ihnen, aber gib ihnen niemals die Macht, dich zu definieren. Also, mit Sechsjährigen kommen wir wirklich schnell dahin. Wir sagen: „Du hast da eine gute Arbeit abgeliefert." Und sie werden antworten: „Gefällt es dir, was ich gemacht habe?" Wir sagen: „Das war blöde." Sie sagen: „Du bist nicht einverstanden mit dem, was ich getan habe?" Wir kommen an die Sechsjährigen so heran: *(MBR schnippst mit den Fingern.)* Je älter sie werden, desto schwieriger wird es; je mehr sie sich diesen kulturellen Werten ergeben, die lehren, dass alles nur darum geht, einen Abschluss zu erwerben und gute Beurteilungen von den Autoritäten zu erhalten. Wir wollen also die Kinder lehren, zu hören, was ihnen dieses menschliche Wesen anzubieten hat. Höre, was ihre Bedürfnisse sind, höre, was sie fühlen, aber gib niemals, niemals, wirklich niemals einer Person in der Position einer Autorität die Macht, dir zu sagen, was richtig oder falsch ist oder was du zu tun hast.

WT: Aber wir sind doch alles Produkte davon, oder nicht.

MBR: Selbst nach unserem Training?

WT: Selbst nachher ...

MBR: (Scherzend) Wo haben wir nur versagt, was haben wir falsch gemacht?

WT: Weißt du, manchmal fühle ich mich so frustriert und mir ist klar, dass ich es besser weiß; aber ich bin trotzdem immer noch ein Produkt dieser Kultur. Ich reagiere immer noch auf diese „Gewalt-über"-Taktik und die Menschen hören es auch auf diese Art. Ich sehe die ganze Zeit, wie es die Leute mit mir machen – selbst Menschen in diesem Raum –, und das ist so entmutigend.

MBR: Das ist vermutlich sogar noch viel entmutigender, weil du wahrscheinlich eine – nicht mit GFK vertraute – Stimme in dir hörst, die sagt, du *solltest* viel weiter sein, als du es im Augenblick bist. Jetzt, wenn du deine Traurigkeit darüber spürst, dass du nicht weiter bist, das ist ein süßer Schmerz. Aber wenn du stattdessen denkst, du *solltest* irgendwo anders sein, als du gerade jetzt bist, dann treibt das den Schmerz auf die Spitze.

MT: Du „solltest" weiter sein?

MBR: Du „solltest" sein.

WT: Also verstehst du, ich fühle mich betroffen, weil ich denke, der einzige Weg, diese Dinge wirklich zu verändern, besteht darin, sie individuell, in mir selbst, zu bearbeiten. Und nach Jahren, in denen ich mich damit beschäftigt habe, kenne ich meine eigene Ernsthaftigkeit und meine eigene Arbeit. Aber ich bin immer noch hier und ich werde auch weiterhin kommen. Es fällt mir aber schwer und fordert mich heraus und ich fange an mich überwältigt zu fühlen, als wäre es aussichtslos, wenn ich sehe, was immer noch passiert.

MBR: Ja, ja. Es ist überwältigend für dich zu sehen, was der Versuch beinhaltet, diesen Wechsel in deinem eigenen Bewusstsein hinzukriegen. Du fühlst dich auf eine Art hoffnungslos und entmutigt und frustriert mit all dem, was es braucht, um von dem alten Paradigma zu einem Paradigma deiner eigenen Wahl zu wechseln.

WT: Ja.

MBR: Ja, achttausend Jahre sind eine lange Zeit, in der dieses Zeugs auf uns einwirken konnte, Generation für Generation. Es findet sich in unseren Büchern, in unserer kulturellen und religiösen Ausbildung – oder ich sollte lieber sagen, in neunzig Prozent unserer religiösen Ausbildung. Milton Rokeach zeigt nämlich in seinem Buch „Open and Closed Mind", dass es eine Minderheit von Menschen gibt, die auf kirchliche Unterweisungen auf eine andere Art reagiert. Er vergleicht Menschen, die die Kirchen der sieben Hauptreligionen der Welt besuchten und die den Unterweisungen ernsthaft gefolgt sind, mit Menschen, die keine Angliederung an eine Kirche hatten. Sein Vergleichsmaßstab ist das Mitgefühl. Er fand heraus, dass die Menschen, die die Kirchen besuchten, weniger Mitgefühl besitzen. Je mehr die Leute zur Kirche gingen, desto weniger mitfühlend wurden sie. Aber er warnt davor, seine Daten vorschnell zu interpretieren, weil es innerhalb jeder der sieben Religionen, die er untersuchte, zwei radikal verschiedene Teilgruppen gab. Es gab jeweils eine Minderheit von ungefähr acht Prozent, die war mitfühlender als die Gesamtbevölkerung. Es handelte sich um die gleichen Religionen, aber um vollständig verschiedene Wege, diese zu interpretieren. Ein radikal anderer Weg. Sei es Judentum, Christentum, Islam, Hinduismus, Buddhismus – zwei verschiedene Gruppen in jeder Religion. Eine ist wesentlich weniger mitfühlend als die Gesamtbevölkerung – leider die Mehrheit – und dann gibt es die Minderheit, die wesentlich einfühlsamer ist.

Sich selbst und andere für Veränderungen bereit machen

In wirklich bedeutende Ziele investieren

Eines der Dinge, mit denen wir vorsichtig umgehen müssen, ist unsere Energie. Deswegen haben wir die wichtige Entscheidung zu treffen, wie wir unsere Energie so gut wie möglich in gesellschaftliche Veränderungen investieren. Das bedeutet, dass wir uns über den Unterschied zwischen sehr bedeutenden Zielen und weniger wichtigen Zielen klar werden müssen.

In dieser Richtung bin ich aktiv geworden, als es darum ging, eine komplette, lebensbereichernde Schule in Rockford, Illinois, auf die Beine zu stellen. Die Schule, das „Welch-Lern-Entwicklungszentrum", war eine Grundschule. Unser Ziel war es, eine Schule aufzubauen in Übereinstimmung mit den Prinzipien der Gewaltfreien Kommunikation. Es brauchte ungefähr drei Jahre, bis diese Schule eingerichtet war und so arbeitete, wie wir uns das vorgestellt hatten. Das waren schwere Jahre. Ich weiß nicht, ob ihr viel über Rockford wisst, aber es ist eine Stadt, die – gemessen an verschiedenen konservativen Kriterien – wohl die konservativste Stadt der Vereinigten Staaten ist. Dieser Versuch, eine grundlegend andere Schule mitten in einer konservativen Stadt zu gründen, war eine große Lernerfahrung für mich. Und es war schwer. Ich habe noch nie eine Stadt gesehen, die so zerstritten war, wenn es um das Thema Erziehung ging. An jedem Gartenzaun war eine Tafel angebracht, entweder für oder gegen diese Schule. Es war ungefähr drei Jahre lang *das* politische Thema der Stadt.

Wir haben die Schule also zum Laufen gebracht. Die schulischen Leistungen verbesserten sich. Die Zahl zerbrochener Fensterscheiben nahm ab. Der Schulbesuch zeigte steigende Tendenz, und wir hatten die Rassenintegration, die vorher nicht funktioniert hatte, mit einem neuen Rassenprogramm gelöst. Die Schule gewann eine nationale Auszeichnung für das Ausbildungsniveau von der Thom-McCann-Schuhfirma, die in jenen Tagen Auszeichnungen für die besten Ausbildungsprogramme im ganzen Land vergab. *Life-Magazine* brachte einen groß aufgemachten dreiseitigen Artikel darüber. Dann, bei den nächsten Wahlen zum Schulausschuss, wurden vier Mitglieder nur deshalb gewählt, weil sie den Oberschulrat loswerden wollten. Er hatte es zugelassen, dass die Schule entstehen konnte. Diese vier Ausschussmitglieder wollten die Schule schließen lassen, sobald die Gelder der Bundesregierung, die uns für die Startphase zugesprochen worden waren, auslaufen würden.

Was wir geschafft hatten, war eine geringfügige Veränderung. Wir änderten einen Teilbereich des Systems, eine einzelne Manifestation des Systems. Was wir nicht geändert hatten, mit was wir uns gar nicht beschäftigten, war das System selbst, in das dieser Teilbereich eingebunden war. Mit anderen Worten, wir waren so damit beschäftigt, die Brände zu löschen, die durch die Strukturen entflammt worden waren, dass wir keine Energie mehr da investierten, wo ich es gerne sehen würde, nämlich in die Veränderung der Strukturen selbst.

Da ist so viel zu tun, so viel in allen vier Dimensionen. Was aber tun wir, um ein neues Bewusstsein darüber zu schaffen, um was es sich bei menschlichen Wesen eigentlich handelt? Wenn wir in diese Richtung gehen wollen, was ist dann mit der zweiten Dimension, den Cliquen? Oh meine Güte, wo soll man da anfangen?

Stellen wir uns vor, du wanderst einen Fluss entlang und du siehst, dass ein Baby den Fluss heruntergeschwommen kommt. Es lebt noch. Du hörst es schreien. Mit Sicherheit springst du hinein und holst es heraus. Du bist noch nicht ganz am Ufer angelangt, hast das Baby aus dem Wasser geholt, als du zurückschaust aufs Wasser und – Hilfe –, da ist ein weiteres Baby. Du springst wieder hinein, holst es heraus. Jetzt aber siehst du zwei heruntertreiben. Du springst hinein, holst sie heraus. Jetzt sind es drei. Du kannst sie nicht mehr alle selbst herausholen. Aber du siehst, wie jemand anderes am Ufer entlangläuft und du rufst dieser Person zu: „Hallo, komm, hilf mir." Ihr zwei holt zusammen die drei Babys heraus aus dem Wasser. Ihr schaut euch um und – um Himmels willen – jetzt sind es vier Babys, die angeschwommen kommen. Nun, hier ist meine Frage: Wenn du in dieser Situation steckst, wirst du damit weitermachen, die Babys aus dem Wasser zu ziehen, oder wirst du flussaufwärts gehen, um nachzuschauen, wer sie hineinwirft? Wenn wir also dieses Bild auf den gesellschaftlichen Wandel übertragen, finden wir Cliquen, die einen so immensen Schaden durch ihr Handeln verursachen. Machen wir dann weiter damit, die Babys aus dem Wasser zu fischen? Es fällt ziemlich schwer, „nein" zu dem schreienden Baby da draußen zu sagen. Hallo, Baby, es tut mir Leid, ich muss stromaufwärts gehen. Ganz offensichtlich wird ein riesengroßes Leiden durch die Cliquen in unserer Welt geschaffen, aber wie und wann werden wir uns auf die Cliquen selbst konzentrieren, die dieses Schlamassel erst schaffen? Also, zu entscheiden, wo ich meine Energien investiere, das ist für mich eine größere, grundlegendere Investition in gesellschaftliche Veränderung. Das Ausmaß an Leiden und an Schmerz, die von den Cliquen geschaffen werden, ist unglaublich. Und ich könnte mein ganzes Leben damit verbringen, nur das aufzuputzen, was diese Cliquen an Zerstörung hinterlassen.

Mit der GFK transformieren

MT: Ich habe da eine Frage: Was wäre ein guter Schachzug zur Eröffnung eines Gesprächs, wenn wir versuchen wollen, gesellschaftliche Veränderungen zu initiieren? Und was machen wir, dass wir dabei die bestehenden Machtstrukturen nicht aus den Augen verlieren? Verstehst du, die Menschen haben die Dinge immer auf eine bestimmte Art behandelt, und nun kommen wir daher und wollen Verbesserungen vorschlagen, die auch wirklich einen Nutzen bringen.

MBR: Der machtvollste Eröffnungszug, den ich kenne, besteht darin, dass ich mich empathisch mit einer Person verbinde; sei es in Gesprächen über sozialen Wandel oder wenn ich mit Leuten in Gefängnissen arbeite. Das mache ich also auch bei Menschen, die Dinge getan haben, vor denen ich mich sehr fürchte, oder die etwas tun, das ich nicht mag. Ich verbinde mich mit ihnen auf eine ernsthafte Art, die ihnen zeigt, dass ich sie nicht für ihre Taten verurteile. Das ist das Wirkungsvollste, was ich tun kann. Aber das erfordert sehr viel Arbeit, weil ich zuerst alle Feindbilder aus meinem Kopf herausbekommen muss. Es erfordert auch, mir bewusst zu werden, dass ich nicht darauf aus bin, die andere Person zu verändern. Ich bin darauf aus, eine Verbindung zu schaffen, die es ermöglicht, dass die Bedürfnisse aller beteiligten Personen berücksichtigt werden. Also das wäre mein erster Zug zur Eröffnung: eine empathische Verbindung aufzubauen.

WT: Versuchst du nicht, dich zuerst mit dir selbst zu verbinden?

MBR: Ich muss das oft zuerst machen, bevor ich in ein Meeting gehe. Aber wenn ich erst einmal im Gespräch bin, dann will ich wirklich nur noch diese Qualität der Beziehung aufbauen, die die Bedürfnisse aller zufrieden stellen kann. Ich möchte ernsthaft mit der anderen Person kommunizieren, damit ich auch sehe, dass sie mit ihrer Handlung wirklich die wundervollste Tat vollbringt, die sie in dem Moment tun kann. Wenn ich also mit dem Präsidenten zusammensäße, wäre das meine erste Handlung: Ich würde eine Verbindung zu ihm aufbauen. Wenn diese Verbindung existiert, dann vertraut er mir, dass ich all seine Handlungen als die wundervollsten Dinge ansehe, die er tun kann.

MT: Ist das glaubwürdig?

MBR: Wenn es nicht glaubwürdig ist, dann muss ich an mir selbst arbeiten. Ich bin fest davon überzeugt, dass jedes menschliche Wesen in jedem Moment genau das tut, was für diesen Menschen die absolut wundervollste Tat darstellt, die er sich in diesem Moment vorstellen kann.

MT: Aber wie kannst du diese Haltung gegenüber jemand anderem einnehmen und dann trotzdem versuchen, diese Person zu einer Veränderung zu bewegen?

MBR: Es ist immer meine Absicht, mit jedem Wort, das ich ausspreche, mit allem, was ich tue, das Leben wunderbarer zu machen. Manchmal klappt das nicht gleich auf Anhieb. Nachdem ich also begonnen habe mit der Empathie, werde ich die Person wissen lassen, welchen Schmerz ich über die ganz spezifischen Strategien verspüre, die sie anwendet. Ich werde sie wissen lassen, wieso ihre Handlungen meine Bedürfnisse nicht erfüllen. Und dann werde ich die Person fragen, ob sie bereit ist, mit mir gemeinsam nach einem Weg zu suchen, um unser beider Bedürfnisse zu erfüllen.

Jetzt würde ich gern einen Blick darauf werfen, wie wir die Gewaltfreie Kommunikation anwenden. Dazu müssen wir die Wahl treffen, wofür wir unsere Energie einsetzen wollen, also zum Beispiel für den gesellschaftlichen Wandel. Nun wird die Gewaltfreie Kommunikation im Zusammenhang mit gesellschaftlichem Wandel genau auf die gleiche Art angewendet, wie wir den Prozess einsetzen, um mit unseren Kindern, Partnerinnen und Partnern, mit einer beliebigen Person zu reden. Wenn wir eine Meinungsverschiedenheit mit einem anderen Menschen haben, dann versuchen wir, uns mit ihm auf eine Art zu verbinden, die die Erfüllung der Bedürfnisse aller Beteiligten ermöglicht. Das ist das grundlegende Element gesellschaftlicher Veränderungen, von dem ich glaube, dass es uns dahin führt, wohin wir wollen; dass wir die Möglichkeit haben, uns mit Menschen auf eine Art zu verbinden, die unsere Bedürfnisse und ihre Bedürfnisse erfüllt. Wenn ich mit Häftlingen in Gefängnissen arbeite, was ich ziemlich oft tue, dann möchte ich zunächst einmal nicht, dass sie dem abschwören, weshalb sie dort hineingekommen sind. Ich möchte es nicht, bevor ich mich nicht mit ihnen verbunden habe und einen besseren Weg finde, ihre Bedürfnisse zufrieden zu stellen – durch den dann auch meine Bedürfnisse erfüllt werden.

Wenn ich mit dem Ziel in einen Dialog hineingehe, diese Verbindung aufzubauen, muss ich sicherstellen, dass ich nicht ein Feindbild von der anderen Person mit mir herumtrage. Nehmen wir mal an, ihr möchtet mit einer Clique arbeiten, zum Beispiel der Regierung. Ihr müsst euch sicher sein, dass ihr nicht damit anfangt, euer Gegenüber als Feind zu betrachten.

Üben wir also, wie wir die Gewaltfreie Kommunikation anwenden können, wenn wir Zugang zu einem mächtigen Cliquenmitglied hätten. Ich habe es heute so arrangiert, dass wir die Cliquenmitglieder bei uns haben, von denen ihr am meisten möchtet, dass sie sich ändern. Also hier ist das Cliquenmitglied Nummer eins. Zu welcher Clique gehört diese Person?

Rollenspiel: Dialog mit einem „Cliquenführer" – 1

WT: Die Clique ist die Regierung der Vereinigten Staaten: Ihr Anführer ist der Präsident.

MBR: Lass uns hören, was du ihm sagen möchtest. Wir werden uns jetzt darin üben, die Gewaltfreie Kommunikation anzuwenden. Wir werden die Gewaltfreie Kommunikation einsetzen, um aus dieser wertvollen Erfahrung das Maximum herauszuholen. Was würdest du ihm also sagen? Hast du schon eine Idee, die du uns präsentieren möchtest?

WT: Herr Präsident, ich möchte Sie wissen lassen, dass ich mich wirklich darüber aufrege, dass Ihr Bedürfnis nach Öl gegenwärtig das Leben aller Menschen auf diesem Planeten gefährdet.

MBR: Gut, also so machst du ihm das Leben leicht. Du hast mit einer Analyse begonnen. Nun wird er seinerseits ansetzen, dir in den folgenden zwanzig Minuten seine Analyse vorzutragen – mit dem Ziel, dir zu zeigen, dass deine Analyse falsch war. In dieser wertvollen Zeitspanne wirst du nicht dazu kommen, deine Worte mit einer klaren, gegenwartsbezogenen Bitte abzuschließen. Und dafür wirst du bezahlen. Der Präsident wird ansetzen: „Vielen Dank für Ihre Meinung. Ich denke, dass Sie, wenn Sie ein bisschen nachforschen würden, erkennen werden, dass wir sehr gut ausgebildete Leute daran gesetzt haben, diese Probleme zu untersuchen, blah, blah, blah, blah, blah, blah, blah. Es tut mir Leid, aber vielen Dank, dass Sie vorbeigeschaut haben."

MT: Kann ich nicht noch einmal von vorne beginnen?

MBR: Nein, du bist jetzt raus aus dem Spiel. Du hast deine zwanzig Minuten verpuffen lassen. Du hast ein Gefühl und eine Analyse genannt. Du hast weder deine Bedürfnisse genannt, noch hast du mit einer gegenwartsbezogenen Bitte abgeschlossen. Du hast deine Gelegenheit verpasst. Möchtest du etwas zum Präsidenten sagen *(richtet sich an einen anderen Teilnehmer)*?

MT: Herr Präsident, ich würde Sie wirklich gerne darin unterstützen, ein Held zu werden. Sie haben gerade jetzt eine großartige Gelegenheit dazu. Sie wissen, dass Sie die Menschen wirklich auf Ihrer Seite haben und dass sie alle etwas gegen diesen Unhold tun wollen. Was ich gerne tun möchte, ist, Sie dabei zu unterstützen, als der größte Präsident aller Zeiten in die Geschichte einzugehen. Um das zu tun, werden wir alle Seiten informieren, dass Sie versucht haben, den Senat und den Kongress dazu zu bringen, das Gesetz zurückzuziehen, nachdem wir ernten, was wir gesät haben. Aber weil Sie den Kongress nicht dazu bringen können, dieses „Wir-ernten,-was-wir-gesät-haben"-Gesetz zu widerrufen ...

MBR: Der Präsident schaut bereits an die Decke und denkt darüber nach, wie er deine Analyse kontern kann. Wenn du mehr als vierzig Worte brauchst, bevor du der anderen Person Gelegenheit gibst zu sprechen, vergiss es. Du bekommst nicht, was du möchtest.

MT: Oh, sehr gut. Ich danke dir.

MBR: Ja. Du hast ihn nach etwa den ersten zehn Worten, die du gesagt hast, verloren. Er hat, solange er konnte, höflich zugehört, aber jetzt beginnt er abwechselnd auf seine Uhr und an die Decke zu schauen. Alles, was er dir sagen kann, ist, dass er deine Analyse hört. Er weiß aber nicht, worauf du hinaus willst. Er weiß nicht, was in dir lebendig ist, und er traut dir nicht. Es sieht so aus, als hättest du einen Plan, aber er weiß nicht, wo du bist, mein Lieber. Auf diese Art hast du nur deine eigene Macht, mit ihm in Verbindung zu treten, geschwächt.

MT: Sehr gut, vielen Dank. Weil das genau die Art und Weise ist, wie ich in solchen Situationen agiere.

MBR: Nun, wenn du eine Person hast, die höflich ist, dann wirst du niemals etwas lernen. Sie wird so tun als ob das, was du sagst, sehr interessant sei. Also, danke fürs Hereinschauen. Ich brauche Unterstützer wie Sie. Der Nächste bitte!

MT: Nachdem ich nun zwei Tage mit dir verbracht habe, könnte ich vielleicht mal etwas in dieser Art versuchen:
Herr Präsident, Sie müssen sich ziemlich ängstlich in Ihrer Haut fühlen, weil Sie nicht nur Ihre Familie schützen müssen, sondern auch noch 250 Millionen Menschen.

MBR (schlüpft in die Rolle des Präsidenten): Ich danke Ihnen vielmals. Ja, ich dachte wirklich, ich würde die Hölle kennen, bevor ich diesen Job hier angenommen habe.

MT: Und nun sind Sie dabei, die Hölle zu erschaffen, es tut mir Leid.

MBR: Du warst auf so gutem Weg, wirklich, du hast gut angefangen. Er verabreichte sogar ein wenig Notfall-Empathie.

WT: Und dann begann er, von seinem Kopf aus zu sprechen.

MT: Ja, genau, das kam aus meinem Verstand, das ist vollkommen richtig. Weißt du, mein Herz sagt: Ich fühle auch Angst und brauche etwas ganz Ähnliches, nämlich eine Vision für die Generation meiner Kinder und Enkelkinder und ihre Kinder und Kindeskinder – damit diese in einer Welt aufwachsen können, die sicher ist:
Wären Sie bereit, einen anderen Weg zu erkunden, um mit Leuten auf dieser Welt zu kommunizieren, die Sie herausfordern?

MBR (die Rolle des Präsidenten spielend): Ich tue alles auf der Suche nach jedem neuen Zugang, den mir jemand zeigen kann, damit wir das Bedürfnis, welches Sie Ihrer Aussage nach haben, besser erfüllen können und damit wir auch mein Bedürfnis, unser Volk zu schützen, erfüllen können.

MT: Einverstanden. Und ich habe einen neuen Verbündeten in unserer Außenstelle, Marshall Rosenberg, und ich würde ihn gerne in diesem Augenblick hereinbitten.

MBR: Ich hatte seit dem 11. September 2001 mehrfach Gelegenheit, telefonisch mit Marshall Rosenberg zu sprechen. Es gab Leute, die hätten gerne gesehen, dass er eine Mediation zwischen einem Terroristen und mir durchführt, wenn wir zusammenkommen würden. Sie wollten auch sehen, wie er auf die Art mit mir spricht, wie Sie es gerade tun. Ich habe ihn noch nie persönlich kennengelernt, aber ich mag seine Art, mit herausfordernden Menschen umzugehen.

Ich habe es geschätzt, dass Sie den Versuch unternommen haben, sich in den enormen Schmerz einzufühlen, den ich spüre. Ich hätte es gerne gesehen, wenn Sie noch weiter bei der Einfühlung verweilt wären, bevor Sie zu Ihren eigenen Gefühlen überwechseln. Wenn ich sage, dass sich ein Albtraum hinter all dem, was ich mir jemals vorgestellt habe, verbirgt, dann muss ich zuerst Verständnis von Ihnen bekommen. Erst dann kann ich mich ggf. noch tiefer einlassen. Deswegen wäre es für mich sehr schwierig gewesen zu hören, was Sie weiterhin sagen wollten, weil ich immer noch so ein enormes Bedürfnis nach Einfühlung habe für diese albtraumartige Situation, in die ich mich selbst hineinbegeben habe.

MT: Und das ist die Wahrheit?

MBR: Also, es ist das, was ich vermute. Es ist eine Vermutung.

MT: Herr Präsident, welches unserer Bedürfnisse als Nation wird dadurch befriedigt, dass wir einem Land wie dem Irak den Krieg erklären?

MBR: Es ist doch für jedermann ziemlich offensichtlich, der die Situation kennt, dass wir es hier bei Saddam Hussein mit einem Wahnsinnigen zu tun haben, und bevor dieser Mann in seinen destruktiven Tendenzen nicht beschnitten wird, werden wir in Kürze einen Krieg mit chemischen Waffen oder mit anderen Formen der Kriegsführung haben, der Millionen von Menschen überziehen wird. Er ist einer der größten und wichtigsten Unterstützer von Herrn Bin Laden. Dessen Gruppe und andere vergleichbare Gruppen wachsen in der ganzen Welt. Und wenn wir nicht ihren Organisationen Einhalt gebieten – der Verbreitung dieser Leute –, werden wir die schlimmste Gewalt erleben, die dieser Planet jemals gesehen hat. Beantwortet das Ihre Frage?

MT: Ich habe eine andere Frage. Beinahe alle Menschen, die ich persönlich gesprochen habe, teilen Ihre Überzeugung nicht, dass wir einer solchen Bedrohung gegenüberstehen. Insbesondere, wenn sie es mit der Situation in Pakistan und Indien vor zehn Jahren vergleichen. Die hatten damals alle nukleare Waffen und Ähnliches. Was ist der Unterschied zwischen damals und heute? Und warum gibt es dann so viele Menschen, die mit Ihrer Position nicht einverstanden sind?

MBR: Ich denke, dass diese Menschen unzureichend informiert sind. Ich stütze meine Argumentation auf Studien, die unser CIA herausgegeben hat, und viele andere Dienste unserer Regierung, die diese Dinge intensiv studiert haben. Die haben Kenntnis von Dingen, die ich nicht im Entferntesten der Öffentlichkeit zu diesem Zeitpunkt weitergeben werde. Aber wenn Sie wüssten, was diese Leute dort geplant haben, dann würden Sie sehen, dass wir das einzig Richtige getan haben, was zum Schutz der Menschen getan werden kann.

MT: Ich, ich ...

MBR: Dieser Mann, falls Sie das vergessen haben, hat seine eigenen Leute vergast. Er hat chemische Waffen eingesetzt, um sein eigenes Volk zu töten. Wenn er das schon mit seinen eigenen Leuten macht, was glauben Sie wohl, wie er sich uns gegenüber verhält?

MT: Unglücklicherweise können wir weder eine dieser Aussagen bestätigen oder überprüfen. Ich kann entweder glauben, was Sie sagen, oder es eben nicht glauben.

MBR: Ja, ja.

MT: Eine letzte Frage hinsichtlich der UN, die so etwas wie eine internationale Polizeistreitmacht darstellen könnte. Was ist der Zweck Ihrer Unterstützung und Hilfsleistungen bei UN-Resolutionen in einigen Fällen und Ihrer vollständigen Ignoranz der UN in anderen Fällen. Entweder sollten Sie die UN durchgehend unterstützen oder Sie tun sowieso, was Sie wollen.

MBR: Ich wäre wirklich sehr gerne bereit, die Vereinten Nationen zu unterstützen, wenn es tatsächlich eine Vereinigung der Nationen wäre und wenn sie nicht von einem Block von Leuten kontrolliert würde, die sehr gefährlich für den Fortbestand unseres Planeten sind. Bis wir es also tatsächlich schaffen, aus den Vereinten Nationen eine verantwortungsbewusste Organisation zu machen, müssen wir die Vereinigten Staaten vor den Abenteuern schützen, in die sich die Vereinten Nationen hineinstürzen.

WT: Herr Präsident, ich habe verstanden ...

MBR (legt die Rolle ab): So, nun lasst uns einmal zurückgehen und das Ganze vom Standpunkt der Gewaltfreien Kommunikation aus betrachten. Ich denke, dass wir unsere Zeit nicht bestmöglich eingesetzt haben, weil wir uns auf den Austausch von intellektuellen Informationen eingelassen haben. Du hast Fragen gestellt, ohne zu sagen, was in dir gerade lebendig war, als du die Frage formuliert hast. Es konnte also keine Verbindung auf der Herzebene entstehen. Der Präsident kennt diese Art von Austausch mit den Zeitungen aus Pressekonferenzen in- und auswendig. Wenn wir also diese wertvolle Zeit erhalten, mit dem Präsidenten zu reden, dann bin ich mir nicht sicher, ob wir unsere Zeit bestmöglich einsetzen, wenn wir diese intellektuellen Fragen stellen.

MT: Ich verstehe nicht, was du meinst.

MBR: Ich wollte gerade klarmachen, was ich gerne mit dem Präsidenten austauschen möchte, insbesondere weil ich seine Antworten bei 50 anderen Quellen abrufen kann. Ich weiß, was er antworten wird, bevor er selbst es weiß, einfach weil ich es schon so oft gelesen habe. Wenn ich nur begrenzte Zeit mit ihm zur Verfügung hätte, dann würde ich mit ihm nicht all seine bekannten Ansichten durchgehen. Ich würde gerne wissen, was sich in seinem Herzen abspielt. Ich würde ihm gerne erzählen, was mein Herz bewegt, und ich würde gerne zu einem Schluss kommen, bei dem unser beider Bedürfnisse zufrieden gestellt werden. Eine Position, wo klare Aktionen ...

WT: Ich würde auf die Art anfangen, wie mein Vorredner hier begonnen hat – mit Empathie: *Ich begreife, dass Sie in dieser Situation sehr viel Stress empfinden und sich Sorgen darüber machen, was Saddam Hussein möglicherweise beabsichtigt. Die ganze Gewalt, die ausgelöst werden könnte ...*

MBR (wieder in der Rolle des Präsidenten): Das ist ein Teil des Ganzen, aber was mich sogar noch mehr beunruhigt – und in mancher Hinsicht sogar noch viel mehr beängstigt als Saddam Hussein –, ist, dass ich nicht glauben kann, welche Zahl von Amerikanern sich von gewissen liberalen Kreisen an der Nase herumführen lässt, die sie Glauben machen wollen, es gebe überhaupt keine Gefahr.

WT: Also ängstigen Sie sich sehr um sich selbst und um die amerikanische Öffentlichkeit.

MBR: Ja, wegen dieser liberalen Kräfte, an die ich denke; die ohne es zu realisieren eine reaktionäre Rolle spielen, indem sie in Wirklichkeit Saddam Husseins Zerstörungswillen mit ihrer New-Age-Philosophie unterstützen. Sie sehen die Realitäten in dieser Welt nicht; sie sehen die Lüge, mit der wir es zu tun haben, nicht. In vielerlei Hinsicht sind sie zurzeit eine größere Bedrohung für die Vereinigten Staaten, weil sie unsere Entschlossenheit schwächen, das amerikanische Volk zu schützen.

WT: Ich höre auch, dass Sie sich ängstigen wegen der Liberalen. Diese könnten die Entschlossenheit des amerikanischen Volkes schwächen, sich zu schützen.

MBR: Genau.

WT: Und ich ...

MBR (legt die Rolle des Präsidenten ab): Halte einen Moment inne.

WT: Ja, wieso?

MBR: Hast du auf eine Million gezählt, bevor du mit der Aufmerksamkeit von der anderen Person auf dich umgeschwenkt bist? Zähle langsam auf eine Million, bevor du reagierst, nachdem du Einfühlung gegeben hast. Möglicherweise war ich gerade dabei, in etwas wirklich Tiefgehendes hineinzukommen. Wenn du derart schnell zu deinem Anliegen überwechselst, dann sieht das danach aus, als würdest du Empathie als eine Technik anwenden. Es ist so, als ob du die ganze Zeit nur darauf gewartet hättest, dass ich endlich aufhöre und du deine Münze in die Waagschale werfen kannst. Dann traue ich deiner Empathie nicht. Zähle also erstmal auf die Million, bevor du die empathische Verbindung mit der anderen Person verlässt.

MT: Ich sehe den Sinn nicht ein, auf eine Million zu zählen, bevor man die empathische Verbindung auflösen kann.

MBR: Lass es mich auf eine weniger saloppe Art sagen. Mache eine doppelte Kontrolle, um absolut sicher zu sein, ob die andere Person die Einfühlung bekommen hat, die sie braucht, bevor du zu deinen Bedürfnissen wechselst. „Gibt es noch weitere Dinge, Herr Präsident, die Sie ansprechen möchten?" Oder mache einen tiefen Atemzug und warte. Aber je schneller du antwortest, desto weniger Menschen werden dir vertrauen, dass du wirklich ernsthaft versuchst, dich einzufühlen. Sie schauen dich an, als würdest du sagen: „Ja, Herr Präsident, ich verstehe, aber ..." Den allermeisten Menschen ist dieses „Ja, aber"-Spiel bereits viele Male in ihrem Leben begegnet. Also verschone ihre Gehörgänge vor deinem „Aber".

Den Kern dessen erkunden, was in anderen lebendig ist

Ich bleibe in einem Dialog, bis ich spüre, dass wir am Grund dessen angekommen sind, was wirklich in der anderen Person in diesem Moment lebendig ist. Nun ist es aber nicht so einfach herauszufinden, ob man diesen Punkt auch wirklich erreicht hat. Wir haben zwei Anhaltspunkte, die uns ein wenig Aufschluss geben können. Zum einen werden wir es in unserem Körper spüren, wenn sich die Person wirklich verstanden fühlt. Es gibt einen gewissen Spannungsabfall, der bei jedem Menschen eintritt, wenn er in dem Moment, wo er es braucht, Verständnis erhält. Gewöhnlich kann es auch jede andere Person im Raum am eigenen Leibe spüren. Es ist so etwas wie ein „Ahhhh" (ein Aufatmen). Zum anderen hört die Person an diesem Punkt gewöhnlich auf zu sprechen; sie macht nicht einfach weiter. Diese zwei Anhaltspunkte können also anzeigen, dass die Person das Verständnis bekommen hat, das sie braucht, so dass wir uns auf eine Bitte zubewegen können. Nun ist es in jedem Fall gut, sich langsam und zurückhaltend an den Punkt heranzutasten, an dem wir die Aufmerksamkeit von der anderen Person auf uns lenken. Um das einzuleiten, kann man so etwas sagen wie: „Gibt es noch etwas mehr, das Sie zu diesem Thema sagen möchten?“ Gib der Person viel Raum, damit sie alles, was in ihr vorgeht, erkunden kann.

Also lasst uns jetzt weitermachen.

WT: Gibt es da noch etwas, das Sie gerne sagen würden?

MBR: Nein, vielen Dank. Sie haben mich gehört; fahren Sie bitte fort.

WT: Ich, also ich fühle mich auch ängstlich und habe Furcht. Ich habe Angst, dass wir in einen Krieg mit dem Irak hineingezogen werden. Es würde mich sehr interessieren, ob Sie bereit wären, mit Saddam Hussein in ein Gespräch einzutreten. Dann ließe sich vielleicht herausfinden, was ihn antreibt und was seine Ängste, was seine Bedürfnisse sind. Vielleicht könnten wir ihn darin unterstützen, diese Bedürfnisse und die Bedürfnisse des irakischen Volkes zu befriedigen, ohne dass er sich weiter in der Art aufführt, wie es derzeit der Fall ist.

MBR (in der Rolle des Präsidenten): Ob ich das in Betracht gezogen habe? Was glauben Sie denn? Nicht nur, dass ich es in Betracht gezogen habe, es gab sicher über 100 Versuche unsererseits, mit ihm zu verhandeln. Er aber hat jeden einzelnen zerstört – ignoriert oder vermieden, jeden einzelnen davon. Und mehr als ein dutzend Mal, wenn er einen unserer Repräsentanten hereingelassen hat, ließ er einfach nicht mit sich reden. Er hat einen vorgezeichneten Weg, den er gehen wird, bis jemand bereit ist ihn zu stoppen.

WT: Ich frage mich allerdings, ob diese Repräsentanten in ihm einen Feind sahen, als sie in den Irak reisten. In dem Fall wäre ich nicht sonderlich überrascht ...

MBR: Wir haben die am besten geeigneten Politiker für diesen Job ausgewählt. Und ja, sie haben ihn als Feind angesehen, und sie haben sämtliche teuflischen Strategien gelernt, wie mit Feinden umzugehen ist.

WT: Wären Sie bereit, Marshall Rosenberg hereinzubitten und diese Gespräche mit ihm fortzuführen? Er ist ein exzellenter Kommunikator und sieht Menschen nicht als Feinde. Ich kann Ihnen eine lange Liste mit Empfehlungen und Orten aufführen, an denen er erfolgreich mit Hilfe der Gewaltfreien Kommunikation Frieden gestiftet hat.

MBR: Ja, ich könnte mich bereit erklären zu so etwas, ich werde darüber nachdenken.

MT: Herr Präsident, wenn ich höre, wie Sie Menschen verteufeln ...

MBR: Wer verteufelt hier irgendjemanden? Wache! Kommen Sie rein und eskortieren Sie diesen Kerl hinaus. Mir wurde gesagt, dass wir hier eine zivilisierte Unterhal-

tung führen würden. Jetzt kommt diese Form der Rhetorik ins Spiel – werfen Sie den Mann raus!

(MBR legt die Rolle des Präsidenten ab.) Also gut, du bist raus aus dem Spiel, der Nächste bitte. Sprecht einem anderen Menschen gegenüber niemals eine Sprache, die impliziert, dass mit dieser Person etwas nicht in Ordnung ist. Je mehr ihr über das Verhalten der Person erschreckt seid, umso wichtiger ist es, dass ihr unter keinen Umständen eine Redewendung benutzt, die nahe legt, dass ihr Verhalten falsch sei: z.B. Worte wie „verteufeln".

Feindbilder übersetzen

Wenn ihr es erst einmal geschafft habt, Zutritt zu Personen in den Schlüsselpositionen einer Organisation zu erhalten und ihr dann Feindbilder von diesen Leuten in euch tragt, wenn ihr in das Gespräch geht – wenn ihr von ihnen denkt, sie seien schlecht, verdorben, nur daran interessiert, die bestehenden Herrschaftsstrukturen aufrechtzuerhalten, oder Ähnliches –, dann werdet ihr kaum eine Verbindung zu ihnen herstellen können. In einem gewissen Sinn seid ihr damit Teil des Problems. In unseren Seminaren zeigen wir euch, wie ihr euch auf solche Schwierigkeiten vorbereiten könnt, indem ihr jedes eurer Feindbilder übersetzt in eine Verbindung mit euren eigenen Bedürfnissen und Werten. Dann könnt ihr geradewegs vom Herzen aus kommunizieren, ohne dass ihr in irgendeiner Weise von der anderen Person in Feindbildern denkt.

Eine der grundlegenden Techniken, die wir lehren, besteht darin, wie wir uns mit dem verbinden können, was in anderen Menschen lebendig ist – unabhängig davon, wie sie kommunizieren. Das bedeutet aber, dass wir erkennen, was eine Person fühlt und braucht in diesem Moment – selbst wenn die Person sich entscheidet, es nicht direkt auszudrücken, oder wenn sie nicht weiß, wie sie es direkt ausdrücken soll, oder wenn sie zu ängstlich ist, es direkt auszudrücken. Wenn uns eine Person zum Beispiel sagt: „Ich möchte mit dir nichts mehr zu tun haben", werden wir versuchen, das Bedürfnis hinter der Botschaft zu hören. Welches Bedürfnis versucht diese Person zu befriedigen, wenn sie sagt: „Ich möchte nicht mit dir sprechen"?

Das erfordert ein wenig Vermuten und Spüren. Ich könnte zu der Person sagen: „Fühlst du dich unwohl bei dem Gedanken, die Dinge weiter zu diskutieren, weil du ein Bedürfnis hast, dich selbst zu schützen vor einigen der Frustrationen, die wir angesichts dieses Themas erlebt haben?" Wenn das in etwa zutrifft, antwortet die Person vielleicht: „Das ist richtig. Du platzt hier so einfach rein und möchtest deinen Kopf durchsetzen. Du bist nicht wirklich an dem interessiert, was ich zu sagen habe." Jetzt beginnt diese Person, mich darin zu unterrichten, wie wir uns verbinden können. Die Person sagt, dass sie eine Rückversicherung braucht, dass ich für ihre Sicht der Dinge genauso offen bin, wie ich andererseits möchte, dass sie für meine Standpunkte offen ist. Mit anderen Worten, wenn wir diesen Prozess anwenden, mit dem wir hören können, was in einer anderen Person lebendig ist, dann kann die andere Person sich der Kommunikation gar nicht entziehen – sie kann nicht *nicht* kommunizieren. Wir nehmen jede Botschaft, die von ihr kommt, sei sie verbal oder nonverbal, als ein Zeichen für das, was gerade in ihr lebendig ist. Wir erkunden ihre Bedürfnisse und Gefühle, und wenn wir das tun, dann sehen wir keine Feinde, wir sehen keinen Widerstand und wir hören nicht die leiseste Kritik. Wir sehen nichts als ein menschliches Wesen, das die gleichen Bedürfnisse hat wie wir. Vielleicht mögen wir ihre Strategien nicht, mit denen sie versucht, ihre Bedürfnisse zu erfüllen. Aber wenn wir ein Feindbild von diesem Menschen in uns tragen, das in uns wirkt, dann denke ich, tragen wir zur Gewalt auf dieser Erde bei. Also: Welche gesellschaftliche Veränderung ich auch immer anstrebe, wenn mein Veränderungswunsch aus einem Feindbild oder einer Vorstellung erwächst, dass bestimmte Menschen falsch oder schlecht sind, dann sage ich voraus, dass meine Anstrengungen selbstzerstörerisch wirken.

Üben, Üben, Üben

Ich habe immer ein elektronisches Notizbuch dabei, ein Gerät, das ich wirklich schnell zur Hand habe. Jedes Mal, wenn mir eine Botschaft oder ein Blick oder der Ton einer Stimme „über den Weg läuft" und ich dabei sofort ein Feindbild auftauchen sehe, schreibe ich mir auf, was der Auslöser war. Und wenn ich dann später Zeit finde, dann gebe ich mir selbst Einfühlung für das, was sich da in mir in diesem Augenblick abgespielt hat. Welcher Auslöser hat da etwas in mir stimuliert? Und so versuche ich mir selbst Empathie zu geben für die Gefühle, die da waren, und für das, was sich in meinem Kopf abgespielt hat. Ich komme immer darauf, welches das Bedürfnis war, das sich hinter meiner Reaktion verbarg. Und dann, nachdem ich mir selbst Empathie gegeben habe, gehe ich zurück zu der Botschaft und versuche zu erspüren, was diese Person gefühlt und gebraucht haben könnte, ungeachtet der Tatsache, dass die Tat längst vergangen ist und es nur vermutet ist, weil die Person nicht da ist, um es zu überprüfen.

Das bedeutet also, dass ich mit jeder Abwertung, die mir durch den Kopf geht, eine Chance bekomme zu üben. Nur wenn ich hunderte von Malen verurteile und dann übe, fängt es an, für mich zur Gewohnheit zu werden – über das nachzudenken, was wir fühlen und brauchen. Und wir müssen nicht lange auf solche Situationen warten. Mach dir bitte jetzt gleich eine Liste der für dich am schwierigsten zu hörenden Aussagen. Denke zurück an Botschaften, bei denen du in letzter Zeit nicht in der Lage warst, dich mit den Gefühlen und Bedürfnissen der anderen Person zu verbinden. Stelle auch eine Liste mit Wörtern auf, von denen du fürchtest, dass andere Menschen in diesen Begriffen über dich denken oder reden könnten. Dann stelle dir einen Kontext vor, in dem diese Menschen so etwas sagen. Übe zu hören, was sie möglicherweise fühlen und brauchen. Je mehr du das übst, umso eher kommt es „blitzschnell“, wenn du in Bedrängnis bist.

Lasst uns jetzt mit dem Dialog weitermachen.

MT (versucht es wieder): Wenn ich unsere Regierung sehe – und Sie, Herr Präsident – wie Sie über andere Führer der Welt als minderbemittelte Leute sprechen, oder ...

MBR: Moment, Moment, warte. Wenn du weiter Anschuldigungen vorbringst, dann bist du gleich wieder aus dem Spiel.

MT: Wie kann ich das vermeiden?

MBR: Indem du ein direktes Zitat anbringst: „Als ich in der New York Times gelesen habe, dass Sie gesagt haben ... oder dass Sie dort folgendermaßen zitiert wurden ...“ – nicht einmal, dass er das gesagt hat ... es reicht zu sagen, dass sie ihn mit einer bestimmten Aussage zitiert haben.

MT: *Die New York Times zitierte Sie mit der Aussage, dass er ein Verrückter sei und einen Kopfschuss verdient habe. Ich spüre Angst, wenn ich das lese, weil ich ein Bedürfnis habe, eine Welt zu unterstützen, auf der jedes und alles Leben kostbar ist. Wären Sie bereit, nach anderen Wegen zu suchen, die einen weniger hohen Preis haben, um Ihre Bedürfnisse zu erfüllen.*

MBR (in der Rolle des Präsidenten): Also, ich sehe Ihre guten Absichten und Ihr gutes Herz, aber ich muss zugeben, dass mich Ihre Naivität überrascht. Wenn Sie glauben, dass ein Gentleman dieses Schlages auf irgendeine Form der Kommunikation eingeht oder irgendeine Botschaft außer Gewalt versteht, fürchte ich, täuschen Sie sich. Wenn Sie sich die Geschichte dieses Mannes anschauen, dann werden Sie sehen, dass es ihm völlig gleichgültig ist, welche Gewalt er anwendet, solange er bekommt, was er will.

MT: Sie sind also in Sorge, dass es gar keinen Weg gibt, mit ihm umzugehen außer mit Gewalt. Sie haben den Eindruck, das ist eine hoffnungslose Situation.

MBR: Wir haben andere Möglichkeiten ausprobiert. Wir haben eine Blockade versucht, haben den Verhandlungsweg gesucht. Er widersetzt sich durchweg der Mitarbeit an jedem konstruktiven Friedensplan. Er hat auch nicht mit den Inspektionsteams kooperiert.

MT: Sie fühlen sich also so, als seien Sie in einer Position, in der es keine andere Wahl mehr gibt.

MBR: Das ist vollkommen richtig.

MT: Wären Sie bereit, die Möglichkeit zu erwägen, dass es vielleicht noch andere Entscheidungsmöglichkeiten gibt, wenn wir einen anderen Blickwinkel einnehmen?

MBR: Ich weiß nicht, ob Sie sich bewusst sind, wie viele Menschen – buchstäblich Hunderte – in den letzten zwanzig Jahren nach anderen Optionen geforscht haben. Hunderte der bestausgebildeten Menschen in der ganzen Welt beschäftigen sich seit zwanzig Jahren mit dieser Situation. Ich möchte keinen amerikanischen Soldaten da hinaus in den Tod schicken, aber wenn wir jetzt nicht handeln, dann werden irgendwann viel mehr Menschen getötet.

MT: Wären Sie bereit sich anzuhören, was meine Vision von möglichen Lösungen sein könnte?

MBR: Ja.

MT: Wie wäre es, wenn wir ein offenes Forum veranstalten würden, an dem Repräsentanten der UNO und vielleicht des Irak, das State Department, also verschiedene Leute teilnehmen – ein Forum, wo die Gefühle und Bedürfnisse aller Beteiligten offen geäußert werden könnten, so dass wir eine bessere Vorstellung darüber bekommen, warum die Menschen sich so verhalten, wie sie das tun. Wären Sie bereit, das als eine Möglichkeit in Betracht zu ziehen?

MBR: *Das haben wir. Diese Gruppe, von der ich Ihnen erzählt habe, hat viele solcher oder ähnlicher Ideen in Betracht gezogen und jede einzelne von ihnen wurde von Herrn Saddam Hussein zurückgewiesen.*

MT: Also ich bin jetzt bereit, das Mikrofon abzugeben. Hast du irgendwelche Vorschläge dazu, Marshall, wie ich irgendwie besser hätte vordringen können?

MBR (legt die Rolle als Präsident ab): Mehr Einfühlung für sein Gefühl der Hoffnungslosigkeit darüber, dass alle die Menschen um ihn herum mit nichts als Gewalt kommen, seine Irritation darüber, wie er von der Linken dargestellt wird, von den progressiven Kräften in den Vereinigten Staaten. Ich sage voraus, dass er sehr viel Empathie braucht, bevor er auch nur den kleinsten Teil von dem, was du sagtest, wirklich hören kann. Und ich glaube, wenn irgendjemand von uns in dieser Position wäre, würde er oder sie genauso empfinden. Ich denke, er bekommt nicht sehr viel Einfühlung. Ich denke, er bekommt jede Menge Zustimmung für das, was er denkt, aber nicht viel Einfühlung für seine Gefühle und Bedürfnisse. Das ist meine Einschätzung.

In produktiven Meetings den gesellschaftlichen Wandel erörtern

Ebenso verhält es sich mit Meetings. Wenn wir Besprechungen produktiv gestalten wollen, dann müssen wir denjenigen auf der Spur bleiben, deren gegenwärtige Bitten „auf dem Tisch" liegen. Wenn die Person, die gerade spricht, diese Bitte nicht klar ausdrückt, hilf dieser Person, sich klar zu werden und diese Spur nicht aus dem Auge zu verlieren. Hilf jedem und jeder, sich daran zu orientieren. Wenn es dir nicht gefällt, was vor sich geht, bitte die Person, die gerade „dran" ist, um die Erlaubnis, es zu ändern. Und wenn du abgeschlossen hast, sage: „Fertig!" Wenn wir nur gerade diese Dinge beachten würden, dann wären unsere Meetings viel produktiver.

Nach meiner Erfahrung sind es nicht die Menschen, die Emotionen äußern, die für Meetings problematisch sind. Es liegt eher daran, dass die Menschen nicht klarmachen, was sie wollen. Und dann kommen sie in endlose Diskussionen über ihre Emotionen, die nicht einmal ihr eigenes Bedürfnis zufrieden stellen. Wenn wir uns solche Situationen anschauen, dann kann das sehr schmerzhaft sein, weil man nicht wirklich sieht, dass die Arbeit irgendwie vorankommt. Am Ende sind wir uns nicht einmal so sicher, wessen Bedürfnisse durch diese Diskussion überhaupt berücksichtigt wurden. Das Problem ist nicht, dass die Leute Emotionen ausdrücken – es ist, dass sie ihre Ausführungen nicht damit abschließen, klar zu sagen, was sie von der Gruppe wollen. Zum Schluss hören sie auf, ohne dass ihre Bedürfnisse zufrieden gestellt worden wären, und sie setzen endlos lange Diskussionen in Gang, die die Bedürfnisse von niemandem berücksichtigen.

Also, möchte jetzt gern noch jemand anderes eine Sitzung mit einer anderen Führungsperson in einem Rollenspiel anschauen? Ja?

Rollenspiel: Dialog mit einem „Cliquenführer" – 2

WT: Du bist mein Abteilungsleiter. Ich werde ihn mit analysierenden Begriffen beschreiben, damit du verstehst, wie du die Rolle spielen musst. Er ist sehr dogmatisch bezüglich einiger seiner Überzeugungen. Er ist sehr egoistisch, er ist wirklich bis oben hin voll und ganz mit sich selbst beschäftigt, aber er ist vollkommen abgeschnitten von seinen Gefühlen und Bedürfnissen. Wenn ich versuche, mich mit ihnen zu verbinden, dann ist er so abwesend, dass ich nicht mal zu ihm in Kontakt komme. Ich denke, dass er denkt, er solle bestimmte Gefühle wahrnehmen, so dass er gar nicht mitbekommt, was er wirklich fühlt – es ist ein Kampf. Ich denke, du wirst ihn aufgrund dieser Beschreibung spielen können, nicht wahr?

MBR: Also, wenn nicht, dann kannst du es mir ja sagen.

WT: In Ordnung.
Also, Mark, ich hätte gerne, dass du dich für einen Moment zu mir setzt. Ich habe da etwas, das ich gerne von dir erbitten möchte. Wärest du bereit, mir zehn Minuten deiner Zeit zu gewähren.

MBR: Da bin ich.

WT: In Ordnung, also wenn ich mich an deine Reaktion auf die letzte Präsentation erinnere, die ich gemacht habe, und wenn ich den Berg von Angst spüre, der in mir aufsteigt, wenn wir unterschiedliche Ansichten haben, dann fühle ich mich beunruhigt, weil ich mich gerne sicher und ruhig fühlen möchte, wenn ich eine Präsentation zu diesem Thema mache. Es würde mich interessieren, wie du dich dabei fühlen würdest, wenn du in deinem Büro bleibst, während ich die Präsentation durchführe.

(Die Gruppe lacht und macht Witze.)

MBR: *Ich denke, wenn du weiterhin hier arbeiten möchtest, dann musst du ein anderes Maß an Professionalität entwickeln, als ich es bei dir beobachte.*

WT: *Also, du möchtest, dass deine Überzeugungen geachtet werden und dass unsere Wertmaßstäbe auch dargestellt oder verstanden werden?*

MBR (legt die Rolle für einen Augenblick ab): In Ordnung, also jetzt hast du seine Gedanken gehört und dass er gerne etwas Aufmerksamkeit für seine Wertmaßstäbe bekommen möchte. Aber hast du, bevor du das laut ausgesprochen hast, seine Gefühle und Bedürfnisse gehört?

WT: Ich glaube, er hat ziemlich viel Angst und hat das Bedürfnis nach Sicherheit in Bezug auf seine Wertmaßstäbe.

MBR: Er braucht die Sicherheit, dass das, was er anbietet, nicht mit einem Etikett versehen wird, sondern dass es gehört wird und dass einzig seine Gefühle und Bedürfnisse verstanden werden. Nun, ob du das nun laut ausgesprochen hast oder nicht ... ich hatte die Hoffnung, dass du dich mit dem verbunden hättest, was in seinem Herzen war. Bei dieser Art von Menschen ist es sehr wichtig, niemals auch nur ein Wort davon zu hören, was sie denken. Höre niemals, was die andere Person denkt. Aber wenn diese Person nichts anderes kennt, als in der Welt der Gedanken zu leben, dann ist es in Ordnung. Gehe dorthin, um sie zu suchen, nachdem du dich mit ihren Bedenken verbunden hast.

WT: Ich denke, dass es bei dieser Person besser für mich ist, wenn ich deren Gefühle und Bedürfnisse nicht spiegele, weil das in der Vergangenheit Probleme geschaffen hat. Ich hatte da mit meinen Versuchen wenig Erfolg.

MBR: Es ist nicht wichtig, dass wir in der Lage sind, es laut auszusprechen. Es ist wichtig, dass wir in unseren Herzen leben und nicht in unseren Köpfen.

WT: Ja, das habe ich verstanden. Also mich mit ihm verbinden ...

MBR: Was du gesagt hast, hörte sich gut an. Ich wollte nur sicherstellen, dass du tatsächlich zuerst an diesen Ort gehst. *(Er zeigt auf sein Herz und nimmt dann das Rollenspiel wieder auf.)*
Ja weißt du, es ist recht interessant, dass du, wo du doch von dieser bestimmten Art von Kommunikation und von Respekt für Menschen sprichst, eine Haltung zu haben scheinst, bei der jeder, der nicht mag, was du tust, irgendwie falsch ist.

WT: Das hört sich so an, als würdest du die Dinge, mit denen du beschäftigt bist, wirklich schätzen, Mark, und du würdest es gerne sehen, wenn andere Menschen den Wert darin ebenfalls sehen könnten.

MBR: Ich glaube wirklich, dass es in Ordnung ist, eine Organisation zu haben in der Art, wie ich es gerne möchte – dass wir eine Organisation aufgeschlossener Menschen sind.

WT: Du sähest es gerne, dass alle Menschen aufgeschlossen wären.

MBR: Ja.

WT: Ich hätte das auch gerne, Mark. Und das ist ein Grund, warum ich wirklich gerne diese Kenntnisse vermittelt hätte, die mir so kostbar sind. Ich glaube nämlich, dass sie den Menschen wirklich eine Hilfe sein können zu lernen, wie sie sich mit anderen auf eine Art verbinden können, die auch in Übereinstimmung mit dem Leitbild unserer Organisation ist. Wie fühlst du dich, wenn du mich das sagen hörst?

MBR: Ich sehe nicht, wie die Umsetzung unseres Leitbildes durch diese ziemlich vage New Age-Terminologie gefördert werden kann.

WT: Du bist also im Zweifel, dass diese Kenntnisse, die ich anzubieten habe, hilfreich für uns hier sein könnten.

MBR: Genau das.

WT: Brauchst du etwas von mir darüber? Möchtest du Informationen über dieses Wissen, darüber, warum ich glaube, dass es nützlich ist und warum ich es sehr nützlich für mein Leben fand.

MBR: Ich denke nicht, dass ich das wissen muss. Ich denke, dass ich genug herumgekommen bin, um beurteilen zu können, dass viele Verkäufer von ihren Produkten überzeugt sind.

WT: Also gut, ich höre noch einmal, dass du da vorurteilslos sein möchtest ...

MBR: In Ordnung, lasst uns für einen Augenblick unterbrechen.

Die zahlreichen Anstrengungen im Zusammenhang mit sozialem Wandel lassen sich auf drei Worte herunterbrechen: frage, frage, frage. Um all deine Ziele zu erreichen, musst du fragen, fragen, fragen. Und wenn du nicht der Einzige sein möchtest, an dem die ganze Fragerei hängen bleibt, dann musst du ein paar Leute sammeln, die dir dabei helfen zu fragen. Also du musst Leute fragen, dir bei diesen Bemühungen zu helfen. Bildet also ein Team, das all das Fragen übernimmt, das aus meiner Erfahrung notwendig sein wird, damit gesellschaftliche Veränderung eintreten kann. Es ist nichts weiter als fragen. Manchmal musst du Leute fragen, die uns Zutritt zu Leuten verschaffen können, die uns wiederum Zugang zu der Unterstützung verschaffen können, die notwendig ist, um unsere Arbeit in Gang zu halten. Welche Art von Unterstützung? Manchmal ist es Geld, das hilft, uns zu unterstützen.

Das bedeutet, dass wir wirklich gut in Gewaltfreier Kommunikation sein müssen. Da erwartet uns eine Menge Fragerei. Es wird sehr oft darum gehen, uns mit Leuten auseinander zu setzen, die vielleicht nicht immer die sind, mit denen wir am einfachsten kommunizieren können. Und Zeit, das ist ein anderes Thema. Wie viel Zugang sind die Leute bereit, uns gerade eben noch zuzugestehen. Wenn es einen Punkt gibt, wo wir darauf achten sollten, dass wir nicht zu viele Worte benutzen, dann ist es in unseren Bemühungen um gesellschaftlichen Wandel. Wir werden sehr oft nur sehr begrenzte Zeit zur Verfügung haben, um einen Riesenberg an Arbeit zu bewältigen.

Die Arbeit am gesellschaftlichen Wandel schließt ein, dass wir fragen, und wir müssen wirklich gut werden in diesen Situationen; wir müssen wissen, wie wir mit der Verwaltungssprache umgehen – der Sprache der Bürokratie; der Sprache, die keine Entscheidungsfreiheit kennt: „Ich habe keine Zeit. Ich kann nicht." – „Das hier ist das Allerletzte auf der Welt, was ich tun möchte." Wenn diese Botschaft durch eine nette, bürokratische Sprache vermittelt wird, lautet sie: „Nein, ich kann gerade nicht." Das ist wirklich ein Test für unsere Fähigkeiten in Gewaltfreier Kommunikation – insbesondere, wenn wir es mit lächelnden Bürokraten zu tun haben.

Um Zurückweisungen musst du dir nur Sorgen machen, wenn du denkst, dass es so etwas wie Zurückweisung gibt. Wir müssen uns niemals über Zurückweisungen Sorgen machen, wenn wir unsere GFK-Ohren aufgesetzt haben. So etwas gibt es schlichtweg nicht. Wenn wir GFK-Ohren aufgesetzt haben, dann hören wir niemals ein „Nein". Es existiert nicht. Ihr wisst, dass ein „Nein" der tragische Ausdruck eines unerfüllten Bedürfnisses ist. Hört deswegen auf das Bedürfnis hinter dem „Nein"! So etwas wie „Zurückweisung" gibt es nicht. Ihr hört, welches Bedürfnis die andere Person davon abhält „Ja" zu sagen – das ist keine Zurückweisung. Die Person hat ein Bedürfnis, das sie zu erfüllen versucht.

Wollen jetzt zwei von euch eine Begegnung in einem Rollenspiel spielen und meine Hilfe dabei haben?

Rollenspiel: Dialog mit einem „Cliquenführer“ – 3

MT: Ich bin Trainer für Gewaltfreie Kommunikation und ich würde gerne die Gelegenheit ergreifen, mit einigen Gefängnisinsassen zu arbeiten, um sie zu trainieren, auf eine effektive Art zu kommunizieren. Ich würde gerne ein Rollenspiel durchführen über ein Treffen mit einer Führungskraft aus der Gefängnisverwaltung.

WT: Ich spiele gern die Führungskraft.

MT: Guten Morgen. Vielen Dank für die Gelegenheit zum Gespräch.

WT: Guten Morgen.

MT: Ich bin Trainer für Gewaltfreie Kommunikation und ich hätte gerne die Chance, mit einigen Insassen zu arbeiten. Ich möchte sie auf diesem Weg trainieren, effektiver zu kommunizieren ...

MBR: Das läuft jetzt unmittelbar auf die Bitte hinaus, auf einen Wunsch für die Zukunft. „Ich habe einen Wunsch, einige Trainings mit verschiedenen Leuten abzuhalten.“ Das ist kein Bedürfnis. Was ist dein Bedürfnis?

MT: Ich habe trainiert ... Ich habe eine Menge Trainings in Kommunikation absolviert.

MBR: Je weniger Worte, desto besser. „Ich bin sehr bewegt von einer bestimmten Art des Trainings und ich habe ein Bedürfnis beizutragen auf eine Art, die das Leben der Gefangenen bereichern wird. Könnten Sie mir sagen, was Sie wissen möchten, damit Sie entscheiden können, ob Sie es tun möchten oder nicht.“ Vierzig Worte oder weniger.

MT: Ich habe trainiert ... Ich habe Trainings gemacht.

MBR: „Ich habe ein Bedürfnis.“ Komm zu deinen Bedürfnissen. Sprich über nichts anderes als deine Gefühle, Bedürfnisse und Bitten: Wir haben nur begrenzte Zeit. Sage nichts mit Ausnahme dessen, was in dir lebendig ist und was du willst. Lass die andere Person nach jeder Information fragen, welche auch immer sie braucht. Lass sie fragen! „Haben Sie Trainings auf dieser Ebene?“ Lass sie fragen, was sie hören wollen. Teile nur deine Bedürfnisse, Gefühle und Bitten mit.

MT: Guten Morgen.

WT: Guten Morgen.

MT: Ich habe ein Bedürfnis zu trainieren ...

MBR: Das ist eine Bitte. Das ist eine Strategie: „Ich habe ein Bedürfnis zu trainieren.“ Was ist das Bedürfnis? „Ich habe ein Bedürfnis dazu beizutragen, das Leben der Gefangenen ... etwas, das sehr wertvoll für mich ist und das, ich sage es voraus, auch sehr wertvoll für Sie sein wird. Was möchten Sie darüber hören, um entscheiden zu können, ob Sie dieses Angebot annehmen wollen oder nicht?“

MT: Ich habe ein Bedürfnis dazu beizutragen, dass Gefängnisinsassen etwas über Kommunikation erfahren. Eine Art Kommunikation, von der ich denke, dass es ihr Leben bereichern würde und das Leben aller, die hier sind. Sagen Sie mir, was Sie gerne darüber wissen möchten, so dass ich Ihre Fragen beantworten kann.

WT: Wissen Sie, wir haben eine Menge Leute, die daherkommen und behaupten, sie würden den Insassen in den Gefängnissen gerne helfen. Ich muss Ihnen sagen, die meisten von denen kommen ein oder zweimal, und dann geben sie auf, weil das ganze ein zu steiniger Weg ist. Wissen Sie überhaupt, was Sie sich da vorgenommen haben?

MT: Ja, ich habe bereits ...

MBR: Nein, nein, beantworte nie eine Frage, wenn du dich nicht zuerst mit dem Herz dahinter verbunden hast.

MT: Sie haben also Sorge, dass Leute ...

MBR: Nein, gehe von den Gefühlen der anderen Person unmittelbar zu ihren Bedürfnissen. Verbinde niemals ihre Gefühle mit irgendetwas außerhalb von ihnen. Also fange nicht in der Art an: „Sie haben also Sorge, dass Leute ...“ Sage stattdessen: „Sie machen sich Sorgen und Sie brauchen ...“ Verbinde die Gefühle der anderen Person unmittelbar mit ihren Bedürfnissen.

MT: Machen Sie sich Sorgen, dass das Gefängnis ...

MBR: „Sie machen sich Sorgen und Sie brauchen die Sicherheit, dass Sie sich nicht mit Leuten herumschlagen müssen, die hier hereinkommen, aber keine Ahnung davon haben, wie sie mit den Dingen hier umgehen sollen. Sie wollen sich dagegen schützen, dass Leute hier hereinkommen, die keine Ahnung haben, wie das Spiel läuft.“ Etwas in der Art.

MT: Sie machen sich Sorgen und Ihr Bedürfnis ist, sich selbst und das Gefängnis vor Leuten zu schützen, die hier hereinkommen und keinen Zugang zu dem haben, was hier abläuft.

WT: So ist es, genau das.

MT: Und dann geben sie nach ein oder zwei Besuchen auf.

WT: Das ist es, sie halten es einfach nicht aus. Es ist eine harte Welt.

MT: Ja, ich kann es sehen, es ist wirklich hart. Ich ...

MBR: Nein, gehe nicht zum: „Ja,-ich-kann-sehen-und ..." oder „Aber": Wenn du dich wirklich empathisch einfühlst, dann bleib bei der Empathie. Deswegen ist dieser Teil so herausfordernd. Wenn es keine Empathie ist, dann gehe zurück zu dir selbst, aber benutze keine vorgetäuschte Einleitung zur Empathie. „Ja, ich verstehe, dass es sehr hart ist, aber ..."

MT: Sagen Sie mir, welche Art von ...

MBR: Komm zurück zu deinen Gefühlen: „Ich bin froh zu hören, dass dies Ihre Sorge ist. Das befriedigt mein Bedürfnis nach Klarheit darüber, was Ihre Bedürfnisse sind, und ich möchte gerne sicher sein, dass ich nicht einer von denen bin, die so etwas machen. Wären Sie deswegen damit einverstanden, wenn ich Ihnen gleich als Erstes sage, wie lange es dauern würde, und dass ich während der ganzen Zeit hier sein werde."

MT: Ich bin froh, dass ich nun weiß, welches Ihre Sorgen sind, und würde es, verstehen Sie, sicherstellen, damit Sie wissen, wie lang ...

MBR: Du könntest da auch noch ein Bedürfnis einfügen. Gehe nicht so schnell zur Bitte über. „Es erfüllt mein Bedürfnis nach Klarheit darüber, wo Sie stehen, und ich habe sicherlich ein Bedürfnis, Sie zu unterstützen und nicht, die Dinge für Sie schwerer zu machen." Siehst du, das sind die Gefühle und Bedürfnisse, und dann erst kommst du zu deiner Bitte, also ...

MT2: Du bittest ihn also, die Bedürfnisse zu wiederholen?

MBR: Nein, ich sage, wenn er wirklich und ernsthaft an Empathie interessiert ist, dann sollte er bei der anderen Person bleiben, sich auf sie konzentrieren, sie weitermachen lassen, noch mehr zu sagen. Du sagst nicht: „Sie sind also wirklich besorgt darüber, dass Leute hier hereinkommen, aber ich ..." Er schwenkt nicht von der anderen Person zu sich selbst herüber. Er wird beim anderen bleiben, bei ihm sein. – Aber er hat das gemacht, und nun ist er zurück und versucht, seine Gefühle und Bedürfnisse als Antwort darauf auszudrücken.

MT: Ich bin froh, von Ihnen etwas über diese Sorgen zu erfahren. Ich habe ein Bedürfnis klar zu sehen, was Ihre Bedürfnisse sind, so dass ich besser darauf eingehen kann. Ich sehe, dass es Ihnen die Zeit stiehlt, sich mit unerfahrenen Leuten herumzuschlagen, die zu Ihnen kommen. Wäre es hilfreich, wenn ich Ihnen erzähle, wie lange dieses Training nach meiner Einschätzung dauern wird, und dass ich sicherstelle, dass ich bis zum Ende dabeibleibe?

WT: Wissen Sie was. Ich würde mich wirklich am allersichersten fühlen, wenn Sie sich mit Leuten zusammentun würden, die diesen Job schon eine Zeit lang gemacht haben. So können Sie herausfinden, wie die Arbeit wirklich ist. Sie können vielleicht von Zeit zu Zeit aushelfen und etwas in Gefängnissen tun – und mich lassen Sie aus der Sache heraus. Ich bin bereit, Ihnen mit dem nötigen Material zu helfen, Sie können meinen Namen angeben, aber für alles Weitere sorgen Sie selbst, und nun tun Sie, was Sie tun müssen. Ich bin sicher, diese Gewaltfreie Kommunikation ist etwas, das in Gefängnissen nützlich ist, und ich freue mich darauf, von Ihnen zu hören, wenn Sie erst einmal Gelegenheit haben werden, etwas zu tun – zu hören, wie es gelaufen ist. Aber es verlangt wirklich zu viel von meiner Zeit, Sie hier anzuleiten. Also, machen Sie Ihre Sache, fangen Sie an. Hier ist das Material, und finden Sie heraus, was Sie damit anfangen können.

MT: Sie sind von einer Menge Leute hängen gelassen worden, die hier hereinkommen sind und freiwillige Arbeit angeboten haben.

WT: Ja, jede Menge, eine Menge. Es ist eine ziemliche Modeerscheinung heutzutage, ein bisschen soziale Arbeit zu leisten und das möglichst an den schwierigsten Orten der Welt, wie Gefängnissen. Also, viele Menschen möchten etwas tun und dann fangen sie an. Aber dann halten sie es nicht aus, weil es zu hart ist.

MT: Und Sie fühlen, dass die Leute keine Ahnung haben, was es heißt, hier zu sein.

MBR: Lass uns bei den Gefühlen bleiben, sieh hier: Verfange dich nicht in den Gedanken einer anderen Person. Höre niemals, was eine andere Person denkt. „Und Sie fühlen, dass …“ geht dahin zu erfahren, was sie denkt *(er übernimmt für einen Augenblick das Rollenspiel). Also, Sie wollen sich vor dieser Flut von Leuten schützen, so wie ich es verstehe. Ein Teil Ihrer Bedürfnisse würde erfüllt, wenn ich mich damit einverstanden erkläre, eine Zeit lang mit den Leuten hier im Gefängnis zu verbringen, so dass ich wirklich eine Ahnung davon bekomme, wie die Arbeit aussieht. Habe ich dieses Bedürfnis von Ihnen richtig verstanden?*

WT: Ja.

MBR: Dann höre ich noch ein zweites Bedürfnis. Sie wollen wirklich nicht erleben, dass Sie da hineingezogen werden, sobald ich, sagen wir mal, diese Erfahrungen sammle. Sie würden es wirklich sehr schätzen, wenn meine Mitarbeit von anderen Leuten betreut wird.

WT: Genau das, ich würde es gerne sehen, wenn Sie auch da die Initiative ergreifen.

MBR: Ich mache das sehr gerne – ich möchte nur noch wissen, ob Sie es gerne sehen würden, dass ich mich an einen Ihrer Verwaltungsbeamten wende, wenn ich den Eindruck habe, dass ich die Erfahrungen gesammelt habe, die ich brauche. Und dass ich von da an alles Weitere mit ihm besprechen würde.

WT: Das kann ich wohl mit „Ja" beantworten.

MBR: Das war das andere, was ich wissen musste. Sie möchten also zwei Dinge von mir; dass ich erstens eine bestimmte Zeitspanne mit Menschen im Gefängnis verbringe, so dass ich wirklich etwas darüber weiß, bevor ich komme, und ob ich mich dann immer noch bereit fühle, die Sache anzugehen. Außerdem haben Sie den Wunsch, dass ich dann zu jemand anderem gehe, der mir dabei helfen kann, mein Vorhaben in das Anstaltsprogramm zu integrieren.

WT: Das ist richtig. Wenn Sie da etwas haben, das für die Welt der Gefängnisse wirklich etwas taugt, dann können Sie wiederkommen, und wenn Sie es tun, sprechen Sie mit jemand anderem.

MBR: Dann müsste ich eigentlich nur noch wissen, wer diese andere Person sein kann, mit der ich arbeiten soll, nachdem ich überzeugt bin, dass ich etwas zu bieten habe, um in das Programm aufgenommen zu werden.

MBR (legt die Rolle ab): Richte also niemals eine Bitte an jemand anderen, wenn du nicht vollständig in Verbindung mit dem Bedürfnis dahinter stehst. Jede Bitte, die du aussprichst und bei der die andere Person nicht das dahinter stehende Bedürfnis hört, wird sich für sie wahrscheinlich wie eine Forderung anhören.

Schlussbemerkung

Nun haben wir also auch die vierte Dimension des gesellschaftlichen Wandels vorgestellt, die ich Selbst-Entwicklung nenne. Mit dieser Dimension können wir direkt beginnen, wie es Buddha und andere schon vorgeschlagen haben.

Bevor wir eine Clique und den zugrunde liegenden Ur-Mythos anpacken, ist es wesentlich, sicherzustellen, dass wir uns von dem befreit haben, wozu wir erzogen worden sind, und dass wir aus einer inneren Haltung unserer eigenen Wahl heraus handeln. Ich halte das für einen sehr wichtigen Schritt, um uns selbst zu befreien. Um das zu tun, sollten wir sicherstellen, dass wir den Weg zu einer *transformierenden* Spiritualität finden und nicht bei einer übersetzenden Spiritualität[6] stehen bleiben. Ich habe Leute gesehen, die Buddhas Worte gehört und auf eine Art interpretiert haben, die sie zu einer übersetzenden Spiritualität geführt hat. Diese Menschen sind dann einfach nur nette, ruhige, ordentliche und meditierende Wesen, die hoffen, dass ihre gute Energie sich ausbreiten wird. Die Welt um sie herum besteht jedoch genauso fort, wie sie immer war.

Ich denke, *diese* Art von Spiritualität lässt unsere Probleme nur weiter fortbestehen. Deswegen bin ich davon überzeugt, dass uns nichts anderes übrig bleibt, als bei uns selbst zu beginnen, bei unserer eigenen Spiritualität. Ich hoffe aber, dass wir den Unterschied zwischen übersetzender und transformierender Spiritualität kennen. Das ist im Grunde das, worum es sich bei der Gewaltfreien Kommunikation handelt. Wenn du dem Leben dienen möchtest, dann willst du auch lebensbereichernde Systeme schaffen. Und das erfordert unsere ganze Bewusstheit – von Moment zu Mo-

6 Die Unterscheidung zwischen „übersetzender" und „transformierender" Spiritualität stammt von Ken Wilber. Er definiert eine übersetzende Spiritualität als eine, die das Ego oder das getrennte Selbst befriedigt und ihm einen außerordentlich wichtigen und tieferen Sinn gibt im Hinblick auf Leben, Zugehörigkeit und Sicherheit in einem aus der Sicht des Egos höchst unsicheren Universum. Transformierende Spiritualität definiert er als eine Spiritualität, die das Ego nicht zufrieden stellt, sondern regelrecht zerschmettert. Transformierende Spiritualität sucht nicht danach, irgendeine bestehende Weltsicht zu unterstützen oder zu legitimieren, sondern sie stellt Authentizität bereit, indem sie das zerschlägt, was die Welt als rechtmäßig betrachtet. – Aus (30.5.2004):
http://wilber.shambhala.com/html/misc/spthtr.cfm/ und
http://www.wie.org/DE/j6/lerner.asp?page=5
(Von dem, was ist, zu dem, was sein sollte; ein Interview mit Michael Lerner von Andrew Cohen) – A.d.Ü.

ment. Wir müssen genauso schlau sein wie Bienen und Hunde – wie sie verbunden sein mit dem Leben.

Angesichts des enormen Ausmaßes an gesellschaftlicher Veränderung, der wir gegenüberstehen – Veränderung, die wir gerne erleben möchten –, gibt es eine Möglichkeit, von der ich vorhersage, dass sie uns die größtmögliche Hoffnung und Kraft schenken wird, die uns zu den Veränderungen befähigen: Sorgen wir dafür, dass wir lernen zu feiern. Bauen wir das Feiern in unser tägliches Leben ein und handeln wir aus dieser Energie heraus. Das steht an erster Stelle. Andernfalls werden wir überwältigt von der schieren Größe der Probleme. Aus einem Geist des Feierns heraus werden wir nach meiner Erfahrung die Energie aufbringen, um das zu tun, was nötig ist, um die Gesellschaft zu verändern.

Empfohlene Literatur

Gottlieb, R.S.: *A Spirituality of Resistance.* Lanham: Rowman & Littlefield 2003

Lerner, M.: *Spirit Matters.* Charlottesville: Hampton Roads Pub Co.

Rokeach, M.: *Open and Closed Mind.* New York: Basic Books 1960

Wink, W.: *The Powers That Be.* New York: Doubleday 1999

Informationen über zertifizierte GFK-Trainer/innen im deutschsprachigen Raum

Eine ständig aktualisierte Liste aller zertifizierten GFK-Trainer/innen, Infos über Seminarveranstaltungen und vieles mehr finden Sie (in englischer Sprache) unter:

www.cnvc.org

Der Weg zu den Trainer/innen:
Gehen Sie von der Startseite aus auf den Menü-Punkt „Connect with us“: Dann erhalten Sie eine Übersicht über alle Kontinente. Wenn Sie auf „in Europe„ klicken, erhalten Sie eine Übersicht über alle europäischen Länder, in denen es GFK-Kontakte gibt. Von hier aus haben Sie dann Zugang zu einer Liste mit Kontaktadressen in dem gewünschten Land.

Bei vielen Trainerinnen und Trainern finden sich auch Verlinkungen zu deren Website, so dass Sie sich von dort aus sofort über aktuelle Seminarangebote informieren können.

Informationen über die Gewaltfreie Kommunikation im deutschsprachigen Raum und eine Liste aller zertifizierten GFK-Trainer/innen finden Sie ebenfalls unter **www.gewaltfrei.de**

Zertifizierte GFK-Trainerinnen und -Trainer im deutschsprachigen Raum

Deutschland

BAD HOMBURG (bei Frankfurt/M.) **Serena Rust**
Tel.: 06172 41526
eMail: look@serena-rust.de
web: www.forum-gewaltfrei-frankfurt.de

BAD OEYNHAUSEN **Cornelia Timm**
Tel.: 05731 793325
eMail: info@orca-institut.de
web: www.orca-institut.de

BAD ÜBERKINGEN			
	Angelika Staffhorst	Tel.:	07331 824801
		eMail:	angelika@staffhorst.net
BERLIN	**Vivet Alevi**	Tel.:	030 32765188
		eMail:	info@gewaltfrei-alevi.de
		web:	www.gewaltfrei-alevi.de
			www.siddetsiz-iletisim.com
	Christian Peters	Tel.:	030 78954733
		Fax:	030 78954734
		eMail:	peters@teamagentur.com
		web:	www.teamagentur.com
	Lorna Ritchie	eMail:	gfk@amberco.de
		web.	www.amberco.de
	Ulrike Prasse-Schiefner	Tel.:	030 7952345
		eMail:	mschiefner@t-online.de
		web:	www.isl-seminare.de
	Gabriele Seils	Tel.:	030 38377676
		eMail:	gabriele_seils@web.de
		web:	www.gabriele-seils.de
	Adelheid Sieglin	Tel.:	030 78954733
		Fax:	030 78954734
		eMail:	sieglin@teamagentur.com
		web:	www.teamagentur.com
	Simone Thalheim	Tel.:	030 44042055
		eMail:	simonethalheim@gmx.de
	Monika Wolke	Tel.:	030 86423694
		eMail:	wolke.mo@web.de
BIELEFELD	**Susanne Kalkowski**	Tel.:	0521 9889049
		eMail:	shoshan@t-online.de
BREMEN	**Anja Kenzler**	Tel.:	0421 5578899
		eMail:	anjakenzler@a-k-demie.de
		web:	www.a-k-demie.de
	Sabine Fiedel	Tel.:	0228 797379
		email:	Sab.Fiedel@gmx.de
		web:	www.sabine-fiedel-gfk.de
DARMSTADT	**Irmtraud Kauschat**	Tel.:	06151 1010275
		Fax:	06151 1010274
		eMail:	irmtraudkauschat@yahoo.de
		web:	www.tcm-praxis-dr-kauschat.de

DÖRVERDEN (bei Bremen)	**Heike Laschinski**	Tel.:	04234 309006
		eMail:	Heike.Laschinski@gmx.de
		web:	www.gewalt-frei.de
FREIBURG (im Breisgau)	**Sucimanasa Lehmann**	Tel.:	0761 7681421
		eMail:	info@kommunikation-und-begegnung.de
		web.:	www.kommunikation-und-begegnung.de
GÖDENROTH	**Christa Gronow**	Tel.:	06762 1838
		eMail:	christa.gronow@web.de
GÖTTINGEN	**Gerhard Rothhaupt**	Tel..	0551 77997
		eMail:	info@visionenundwege.de
		web:	www.visionenundwege.de
	Marianne Sikor	Tel.:	0551 38266480
		eMail:	info@marianne-sikor.de
		web:	www.marianne-sikor.de
HAMBURG	**Simran K.B. Wester**	Tel.:	040 4604756
		eMail:	simran.kaur@hamburg.de
HOFHEIM a.T. (bei Frankfurt/M.)	**Beate Brüggemeier**	Tel.:	06192 39369
		Fax:	06192 31093
		eMail:	info@beatebrueggemeier.de
		web:	www.beatebrueggemeier.de
HOLZAPPEL (bei Limburg/Lahn)	**Edith Sauerbier**	Tel.:	06439 929533
		eMail:	edith.sauerbier@t-online.de
		web:	www.mediation-und-kommunikation.de
KARLSRUHE	**Silvia Richter-Kaupp**	Tel.:	0721 9374810
		Fax:	0721˙9374811
		eMail:	silvia@richter-kaupp.de
		web:	www.richter-kaupp.de
KASSEL	**Dr. Barbara Köhler**	Tel.:	0561 4009940
		eMail:	info@achtsame-sprache.de
		web:	www.gewaltfrei-kassel.de
KÖLN	**Beate Waltrup**	Tel.:	0221 9983738
		eMail:	beate@waltrup.com
		web:	www.waltrup.com
		eMail:	info@gewaltfrei-niederkaufungen.de
		web:	www.gewaltfrei-niederkaufungen.de
KÖNIGSDORF (bei München)	**Susanne Kraft, geb. Zanker**	Tel.:	08179 998088
		eMail:	susanne@ambula.de
		web:	ambula.de

KÖNIGSWINTER (bei Köln/Bonn)	**Ute Faber**	eMail: faberute@gmx.de web: www.gewaltfrei-bonn.de
	Monika Oboth	Tel.: 02223 278618 Fax: 02223 278619 eMail: oboth@bmc-germany.de web: bmc-germany.de
LAUFERSWEILER	**Christa Buschbaum**	Tel.: 06543 4515 eMail: christabuschbaum@gmx.de
	Karla Quint	Tel.: 06543 81 84 60 eMail: Karla.Quint@t-online.de
LORSCH	**Nicole Leipert-Knaup**	Tel.: 06251 56729 eMail: info@lebendig.com web.: www.lebendig.com
MÖRLENBACH (bei Heidelberg)	**Rita Geimer-Schererz**	Tel.: 06209 712216 Fax: 06209 712218 eMail: geimer@dialog-forum.com web: www.dialog-forum.com
MÜNCHEN	**Frank Gaschler**	Tel.: 08131 505856 eMail: frank@giraffentraum.de web: www.giraffentraum.de
	Gundi Gaschler	Tel.: 08131 505856 eMail: gundi@giraffentraum.de web: www.giraffentraum.de
	Esther Gerdts	Tel.: 089 89042313 Fax: 089 89042314 eMail: kontakt@empathy-first.com web: www. empathy-first.com
	Gudrun Haas	Tel.: 08131 271248 eMail: gudrun_haas@t-online.de web: www.gudrun-haas.de
	Günter Herold	Tel.: 089 82070285 Fax: 089 41870238 eMail: dialog@heroldg.de
	Ingrid Holler	Tel.: 089 6515502 Fax: 089 6515507 eMail: info@lets-train.de web: www.lets-train.de
NEUNKIRCHEN a.Br. (bei Erlangen)	**Angela Dietz**	Tel.: 09134 906717 eMail: info@menschlich-erfolgreich.de web: www.menschlich-erfolgreich.de

NIEDERKAUFUNGEN (bei Kassel)	**Monika Flörchinger**	Tel.:	05605 800770
		Fax:	05605 800740
		eMail:	info@gewaltfrei-niederkaufungen.de
		web:	www.gewaltffrei-niederkaufungen.de
	Klaus Peter Kilmer-Kirsch	Tel.:	05605 800770
		Fax:	05605 800740
		eMail:	info@gewaltfrei-niederkaufungen.de
		web:	www.gewaltffrei-niederkaufungen.de
NÜRNBERG	**Marianne Berkey**	Tel.:	0911 4088407
		Fax:	0911 4088407
		eMail:	mb@marianne-berkey.de
		web:	www.marianne-berkey.de
	Gabriele Lindeman	Tel.:	0911 599748
		eMail:	lindemann@menschenundziele.de
		web:	www.menschen-und-ziele.de
REUTLINGEN (bei Stuttgart)	**Monika Schäpe**	Tel.:	07121 580278
		eMail:	info@gewaltfrei-reutlingen.de
		web:	www.gewaltfrei-reutlingen.de
	Markus Sikor	Tel.:	08191 9707460
		Fax:	08191 9707461
		eMail:	info@institut-sikor.de
		web:	www.institut-sikor.de
SAUERLACH (bei München)	**Andreas Basu**	Tel.:	08104 888622
		Fax:	08104 888641
		eMail:	andreas @basu.de
STARNBERG (bei München)	**Klaus Karstädt**	Tel.:	08151 972188
		Fax:	08151 972189
		eMail:	kontakt@k-training.de
		web:	www.k-training.de
STEINHEIM/ WESTFALEN	**Sabine & Wolfgang Hager**	Tel.:	05233 6088
		Fax:	05233 6091
		eMail:	hager@hws-kunststoffe.de
		web:	www.gewaltfrei-kommunizieren.de
STEYERBERG	**Katharina Sander**	Tel.:	05764 1206
		Fax:	05764 2578
		eMail:	mediation@t-online.de
		web:	www.gewaltfrei-steyerberg.de
	Armin Torbecke	Tel.:	05764 941065
		eMail:	a.torbecke@jpberlin.de

STUTTGART	**Annette Keimburg**	Tel.: 0711 8264108 eMail: Annette@Keimburg.de
	Jos Schick	Tel.: 0711 581285 Fax: 0711 4154977 eMail: info@gewaltfrei-stuttgart.de web: www.gewaltfrei-stuttgart.de
	Doris Schwab	Tel.: 0711 5406619 eMail: mail@Doris-Schwab.de web: www.Doris-Schwab.de

Österreich

WIEN	**Deborah Bellamy**	Tel.: 0043 1 5814751 eMail: deborahb1050@yahoo.com web: www.gewaltfrei-debnpia.org web: www.gewaltfrei-austria.org
	Christian Ruether	Tel.: 0043 1 9904887 eMail: chrisruether@chello.at web: www.gfk-training.com

Schweiz

BASEL	**Verena Jegher**	eMail: verena.jegher@tele2.ch
CHUR	**Marianne Känel Möckli**	Fax: 0041 81 2507532 eMail: mkm@spin.ch
CRISSIER	**Angela Boss**	Tel.: 0041 21 6351877
EINSIEDELN	**Simone Anliker**	Tel.: 0041 55 5343648 eMail: sb.anliker@swissonline.ch web: www.compassion-voice.ch
GENF	**Laurence Reichler**	eMail: laurence.reichler@bluewin.ch
HÜNIBACH	**Martin Rausch**	Tel.: 0041 33 243 55 05 Fax: 0041 62 9238190 eMail: martin.rausch@hrcomm.ch web: www.hrcomm.ch
KÜSNACHT (bei Zürich)	**Vera Heim**	Tel.: 044 500 99 00 Fax: 044 500 99 01 eMail: vera.heim@tcco.ch web: www.thecoachingcompany.ch

SOLOTHURN	**Michael Dillo**	Tel.:	0041 32 6215467
		eMail:	mdillo@swissonline.ch
TANN-DÜRNTEN	**Regula Langemann**	Tel.:	0041 55 2409910(bei Zürich)
		Fax:	0041 55 2409917
		eMail:	info@metapuls.ch
		web:	www.metapuls.ch
	Suna Yamaner	Tel.:	0041 55 2409910
		Fax:	0041 55 2409917
		eMail:	info@metapuls.ch
		web:	www.metapuls.ch
ZÜRICH	**Maryam Bien**	Tel.:	0041 44 3819204
		eMail:	Maryam.bien@bluewin.ch
	Gerlinde Ladera	Tel.:	0041 44 201 26 00
		Mobil:	0041 79 216 71 94
		eMail:	gl@ladera.ch
		web:	www.ladera.ch

Diese laufend aktualisierte Liste der Trainer/innen sowie Informationen über Seminartermine mit Marshall Rosenberg und den anderen Trainer/innen im deutschsprachigen Raum und vieles mehr finden Sie unter:

www.gewaltfrei.de

Hier können Sie auch GFK-Bücher und andere Materialien in deutscher und englischer Sprache beziehen.

Einige grundlegende Gefühle, die wir alle haben

Gefühle, die auftreten, wenn Bedürfnisse erfüllt sind:

angeregt, bewegt, dankbar, energiegeladen, erfreut, erfüllt, erleichtert, erstaunt, fasziniert, fröhlich, gerührt, hoffnungsvoll, inspiriert, optimistisch, stolz, vertrauensvoll, wohl, zuversichtlich

Gefühle, die auftreten, wenn Bedürfnisse nicht erfüllt sind:

bekümmert, besorgt, einsam, entmutigt, enttäuscht, frustriert, gereizt, hilflos, hoffnungslos, nervös, traurig, unbehaglich, ungeduldig, verärgert, verlegen, verwirrt, widerwillig, wütend

Grundlegende Bedürfnisse, die wir alle teilen

Autonomie

- Träume / Ziele / Werte wählen
- Pläne für die Erfüllung der eigenen Träume / Ziele / Werte entwickeln

Feiern

- Die Entstehung des Lebens und die Erfüllung von Träumen feiern
- Verluste feierlich begehen: von geliebten Menschen, Träumen usw. (trauern)

Integrität

- Authentizität
- Kreativität
- Sinn
- Selbstwert

Interdependenz/Kontakt mit anderen

- Akzeptieren
- Wertschätzung
- Nähe

- Geborgenheit
- Gemeinschaft
- Rücksichtnahme
- zur Bereicherung des Lebens beitragen
- emotionale Sicherheit
- Empathie
- Ehrlichkeit (gemeint ist die Ehrlichkeit, die uns die Kraft gibt, aus unseren Schwächen zu lernen)
- Liebe
- Geborgenheit
- Respekt
- Unterstützung
- Vertrauen
- Verständnis
- Zugehörigkeit

Nähren der physischen Existenz
- Luft
- Nahrung
- Bewegung, Körpertraining
- Schutz vor lebensbedrohenden Lebensformen: Viren, Bakterien, Insekten, Raubtieren
- Ruhe
- Sexualleben
- Unterkunft
- Körperkontakt
- Wasser

Spiel
- Freude
- Lachen

Spirituelle Verbundenheit
- Schönheit
- Harmonie
- Inspiration
- Ordnung (im Sinn von Struktur/Klarheit)
- Frieden

Über das CNVC und die GFK

THE CENTER FOR NONVIOLENT COMMUNICATION

5600 San Francisco Rd., Albuquerque, NM 87109
Tel.: 001-505-244-4041 • Fax: 001-505-247-0414
E-mail: cnvc@cnvc.org • Website: www.cnvc.org

Das **Center for Nonviolent Communication** ist eine weltweite Organisation, deren Vision eine Welt ist, in der die Bedürfnisse aller Menschen auf friedliche Weise erfüllt werden. Wir haben es uns zum Ziel gesetzt, zur Verwirklichung dieser Vision beizutragen, indem wir die Schaffung lebensbereichernder Systeme in uns selbst, im Umgang mit anderen Menschen und innerhalb von Organisationen fördern. Wir tun dies, indem wir den Prozess der Gewaltfreien Kommunikation (*Nonviolent Communication* [NVC]) leben und lehren, der die Fähigkeit von Menschen stärkt, auf mitfühlende Weise Kontakt zu sich selbst und zu anderen Menschen herzustellen, Ressourcen miteinander zu teilen und Konflikte auf friedliche Weise zu lösen.

Das CNVC widmet sich der Förderung eines empathischen Umgangs miteinander, indem unsere gemeinsamen Bedürfnisse nach Autonomie, Feiern, Integrität, Interdependenz, physischem Lebenserhalt, Spiel und spiritueller Verbundenheit wertgeschätzt werden. Wir fühlen uns verpflichtet, auf jeder Ebene unserer Organisation und in allen unseren Interaktionen im Einklang mit dem Prozess zu wirken, den wir lehren, einvernehmlich zu handeln, Konflikte mit Hilfe der GFK zu lösen und unsere Kolleginnen und Kollegen in der GFK auszubilden. Wir arbeiten häufig mit anderen Organisationen zusammen, um gemeinsam eine friedliche und gerechte Welt zu schaffen und deren ökologisches Gleichgewicht zu fördern.

Ziel, Aufgabe, Geschichte und Projekte

Was GFK ist

Die GFK ist ein hochwirksamer Prozess, der Verbundenheit und mitfühlendes Handeln inspiriert. Die GFK liefert einen Rahmen für die Entwicklung von Fähigkeiten, die bei der Lösung menschlicher Probleme von Nutzen sind, angefangen von Problemen, die in engen persönlichen Beziehungen auftreten, bis hin zu weltweiten politischen Konflikten. Die GFK kann sowohl präventiv als auch zur Lösung bestehender Konflikte eingesetzt werden. Mit Hilfe der GFK richten wir unsere Aufmerksamkeit auf die Gefühle und Bedürfnisse, die wir alle haben, statt ein Denken im Sinne entmenschlichender Etikettierungen sowie entsprechende sprachliche Äußerungen zu perpetuieren – die leicht als fordernd und feindselig verstanden werden und zur Gewalt gegenüber uns selbst, anderen und der Welt um uns herum beitragen können. Die GFK ermöglicht Menschen, einen kreativen Dialog zu beginnen, um ihre eigenen, sie völlig zufrieden stellenden Lösungen zu finden.

Wie die GFK entstand

Marshall B. Rosenberg entwickelte den GFK-Prozess im Jahre 1963 und hat ihn seither kontinuierlich verfeinert. Rosenberg lernte Gewalt schon sehr früh kennen und entwickelte das starke Bedürfnis, zu verstehen, was Menschen dazu bringt, gegen ihresgleichen Gewalt anzuwenden. Er begann zu erforschen, welche Art zu reden, zu denken und zu kommunizieren eine friedliche Alternative zur Gewalt sein könnte. Aufgrund seines Interesses promovierte er auf der Graduate School in klinischer Psychologie. Zunächst benutzte Rosenberg die GFK in den 1960er Jahren im Rahmen innovativer Schulprojekte und bei seiner Arbeit in anderen öffentlichen Institutionen. Durch diese Tätigkeit kam Dr. Rosenberg mit Menschen in vielen amerikanischen Städten in Kontakt und sein Training fand bei einer großen Zahl von Interessenten/innen Anklang. Um diesen Bedarf abzudecken und den GFK-Prozess effektiver verbreiten zu können, gründete er im Jahre 1984 das *Center for Nonviolent Communication* (CNVC). Seither hat er mehrere Bücher geschrieben und weitere Trainingsmaterialien entwickelt.

Seit vielen Jahren trägt das *Center for Nonviolent Communication* zu einer umfassenden gesellschaftlichen Transformation des Denkens, Sprechens und Handelns bei, indem es Menschen ermöglicht, auf mitfühlende Weise zueinander in Beziehung zu treten und dementsprechende Resultate zu erzielen. Die GFK wird heute von Dr. Rosenberg und einem Team von über hundert zertifizierten Trainern auf der ganzen Welt gelehrt. Hunderte engagierter freiwilliger Helfer unterstützen die Organisation von Workshops, nehmen an Übungsgruppen teil und koordinieren den Aufbau von Teams. Das Training unterstützt die Konfliktprävention und die Lösung bereits entstandener Konflikte in Schulen, Unternehmen, Gesundheitsinstitutionen, Gefängnissen, Gemeinschaften und Familien. Marshall Rosenberg und seine Partner haben die GFK in kriegsgeplagten Gebieten wie Sierra Leone, Sri Lanka, Ruanda, Burundi, Bosnien und Serbien, Kolumbien und dem Mittleren Osten bekannt gemacht.

Wir sind zurzeit auf der Suche nach Sponsoren für Projekte in Nordamerika, Lateinamerika, Europa, Afrika, Südasien, Brasilien und dem Mittleren Osten. Stiftungsgelder haben es ermöglicht, innovative Lernprojekte zu verwirklichen, Ressourcen für Erzieher zu entwickeln und Projekte zu initiieren, die sich mit den Aufgaben von Eltern, sozialer Veränderung und der Arbeit in Gefängnissen in verschiedenen Regionen der Welt auseinander setzen. Wir arbeiten mit anderen Organisationen zusammen, deren Mission mit der unseren im Einklang steht. Nähere Informationen über diese Projekte sowie über regionale Aktivitäten und andere Ressourcen bezüglich der GFK sind auf der CNVC-Website zu finden. Ihr Beitrag zur Unterstützung dieser Bemühungen ist stets willkommen und wird von uns sehr begrüßt.

Eine Liste zertifizierter CNVC-Trainer und wie man zu ihnen in Kontakt treten kann, ist ebenfalls auf der Website des Zentrums zu finden. Diese Liste wird monatlich aktualisiert. Die Website enthält auch Informationen über vom CNVC organisierte Trainings und Links, die zu den Websites regionaler Mitgliedsorganisationen führen. Das CNVC lädt Sie ein, GFK-Trainings in Ihrem Unternehmen, in Schulen, Kirchen und Gemeinden durchführen zu lassen. Wenn Sie über Trainings in Ihrer Region informiert werden wollen oder wenn Sie gern selbst ein GFK-Training organisieren möchten, können Sie sich auf der Mailing-Liste der CNVC eintragen. Und wenn Sie unsere Bemühungen, eine friedlichere Welt zu schaffen, in anderer Weise unterstützen wollen, dann nehmen Sie bitte ebenfalls Kontakt zum CNVC auf.

Wie Sie den GFK-Prozess anwenden können

Ehrlich ausdrücken, wie *ich* bin, ohne zu beschuldigen oder zu kritisieren.	**Empathisch aufnehmen, wie *du* bist, ohne Beschuldigungen oder Kritik zu hören.**
Beobachtungen	
1. Was ich beobachte (sehe, höre, an was ich mich erinnere, was ich mir vorstelle, frei von meinen Bewertungen), das zu meinem Wohlbefinden beiträgt oder nicht: ***„Wenn ich sehe, höre …“***	1. Was du beobachtest (siehst, hörst, an was du dich erinnerst, was du dir vorstellst, frei von deinen Bewertungen), das zu deinem Wohlbefinden beiträgt oder nicht: ***„Wenn du siehst / hörst …“*** (Wird beim Anbieten von Empathie manchmal weggelassen.)
Gefühle	
2. Wie ich mich fühle (Emotionen oder Empfindungen, statt Gedanken) in Beziehung zu dem, was ich beobachte: ***„Ich fühle …“***	2. Wie du dich fühlst (Emotionen oder Empfindungen, statt Gedanken) in Beziehung zu dem, was du beobachtest: ***„Du fühlst …“***
Bedürfnisse	
3. Was ich brauche oder schätze (statt einer Präferenz oder einer spezifischen Handlung), das meine Gefühle verursacht: ***„… weil ich brauche / mir wichtig ist …“***	3. Was du brauchst oder schätzt (statt einer Präferenz oder einer spezifischen Handlung), das deine Gefühle verursacht: ***„… weil du brauchst / dir wichtig ist …“***
Klar um etwas bitten, das mein Leben bereichern würde, ohne zu fordern	**Empathisch aufnehmen, was dein Leben bereichern würde, ohne irgendeine Forderung zu hören.**
Bitten	
4. Die konkreten Handlungen, von denen ich mir wünsche, dass sie in die Tat umgesetzt werden: ***„Wärest du bereit, zu …?“*** ***„Und würdest du bitte …“***	4. Die konkreten Handlungen, von denen du dir wünschst, dass sie geschehen: ***„Würdest du gern …?“*** (Wird beim Anbieten von Empathie manchmal weggelassen.)

Weitere Informationen über Marshall Rosenberg bzw. das Center for Nonviolent Communication im Internet unter www.CNVC.org.